K-Food **Kimchi** *recipe*

실용 77종 한국 김치를 이 한권에!!

김치 레시피

(주)지구문화
JIGU CULTURE Co.Ltd

김치에 관한 몇 가지 단상

김치의 추억

함박눈이 소복이 쌓인 겨울날 김칫광에서 갓 꺼내와 먹던 김치의 아삭함, 손으로 길게 찢어 따끈한 밥위에 얹어 먹으면 다른 반찬이 필요없던 그 맛, 살얼음이 동동 뜬 동치미의 말로는 표현할 수 없는 시원함.. 김치에 관한 추억을 떠올리니 하니 아련한 그 무언가가 밀려온다. 추억은 언제나 아름답다고 했던가? 넉넉지 못했던 시절의 기억들도 왠지 모를 그리움으로 떠오른다.

김장은 호기심 가득한 어린 나에게는 일 년에 몇 안 되는 즐거운 축제이자 잔치였다. 지금처럼 김치 냉장고도 없고 사시사철 먹거리를 구할 수 없던 시절, 김장은 겨우내 먹을 양식을 갈무리 하는 가장 큰 집안의 연중행사였다. 입동(立冬)이 다가오고 김장철이 되면 온 집안이 부산했는데, 어린 눈에 집 앞 마당 한 켠에 쌓인 배추와 무는 마치 뒷 동산을 옮겨놓은 것 같았다. 그러나 소금물에 절여진 배추는 어느새 머리 감은 계집애의 머리통처럼 작아졌고, 어머니의 빠른 손놀림에 무는 예쁘게 채 썰어졌다. 고춧가루와 갖은 양념이 버무려진 김장 속을, 절인 속배추에 싸 먹는 재미에 속이 아린 줄도 몰랐다. 김장김치는 땅을 파고 김치독을 묻은 뒤 옥수숫대와 볏짚으로 김칫광을 만들고 보관하였다.

지금은 김장을 몇 포기 담그지 않고, 세상이 점점 편리해져 김장에 관한 이러한 추억을 갖고 있는 세대는 아마도 많지 않을 것이다. 그러나 한국인에게 김치 없는 밥상은 상상할 수 없기에 누구나 김치에 관한 추억 몇 가지쯤은 갖고 있을 것이다. 외국여행 중에 느꼈던 김치에 대한 향수라던가, 해외에서 느꼈을 어머니가 담가주신 김치에 대한 그리움, 또 도시락통에서 흘러나온 김치 국물로 낭패를 봤던 기억, 김치 없이 라면을 먹었을 때의 진한 아쉬움, 어느 식당에서 맛보았던 맛있는 김치, 비오는 날 더 맛있었던 김치찌개, 김치전 등등...

세월이 변해도 김치는 그 모습을 달리할 뿐 우리 추억의 서랍 한 켠을 차지하고 있을 것이다. 가만 생각해보면 우리의 전통음식을 내 삶의 화두로 삼을 수 있었던 것은 한국 음식의 국제화니 세계화니 같은 거창한 이유나 사명감보다도 어린시절부터 가져왔던 음식에 관한 호기심과 음식에 대한 유년시절의 남다른 추억이 아닐까 하는 생각이 든다.

김치와 한국인

만약에 김치가 없었더라면? 결코 생각하고 싶지 않은 상상이지만 아주 맛있는 김치를 먹을 때, 김치와 궁합이 딱 맞는 음식을 먹을 때, 또는 김치 없는 허전한 식사를 할 때 그런 생각이 저절로 들기도 한다.

대중가요 중에 바로 그런 노래가 있다. "만약에 김치가 없었더라면 무슨 맛으로 밥을 먹을까/ 진수성찬 산해진미 날 유혹해도 김치 없으면 왠지 허전해/ 김치 없인 못살아 정말 못살아 나는 나는 너를 못 잊어/ 맛으로 보나 향기로 보나 빠질 수 없지 입맛을 바꿀 수 있나" 김치와 한국인의 관계를 아주 쉽게 표현한 재미있는 노래이다. 사실 이 노래처럼 한국인에게 김치 없는 밥상은 상상하기 힘들다.

김치는 우리 밥상의 기본 음식이자 가장 서민적인 음식으로, 계절에 따라 지역에 따라 재료에 따라 그 종류가 헤아릴 수 없이 많다. 김치를 사전적·학술적으로 정의하면, '채소류를 소금물에 절여 담근다는 침채(沈菜)에서 비롯된 말로 배추나 무 등을 주 원료로 하며 여기에 향신료와 각종 재료를 이용해 담근 후 발효시킨 채소절임음식, 채소염장 발효식품의 일종'이라 할 수 있다. 사전에서는 '소금에 절인 배추나 무 따위를 고춧가루, 파, 마늘 따위의 양념에 버무린 뒤 발효를 시킨 음식'으로 정의하고 있다.

그러나 이러한 사전적·학술적 정의로는 표현할 수 없는 한국인만이 느낄 수 있는 그 무엇이 김치에는 있다. 한국인에게 김치는 태내에서부터 습득되어 나고 자라면서 평생을 함께하는 기본 음식으로, 조상들의 지혜의 산물이며 한국인의 정서와 문화가 담겨 있는 음식이다. 또한 어머니가 담가주시는 김치의 맛은 우리에게 늘 향수를 불러 일으키며, 어디를 가서도 한국인의 피가 흐르는 한 결코 잊을 수 없는 운명과도 같은 음식이다.

예부터 한 집안의 음식 맛은 장맛과 김치 맛을 보면 안다고 한다. 음식을 잘하는 식당인지 아닌지는 김치만 먹어 봐도 알 수 있다. 그만큼 김치는 우리 입맛과 손맛의 핵심이며 한국인의 정서와 생활 속에 깊이 자리 잡고 있어 한국인의 정체성을 대표하는, 음식을 넘어선 그 무엇이라 할 수 있다.

김치(Kimchi)와 기무치(kimuchi)

한때 김치의 종주국인 우리가 일본의 기무치에 그 자리를 빼앗길 뻔한 일이 있었다. 1997년 국제 식품규격심사위원회(CODEX)에서 김치의 국제식품규격안과 명칭이 논란이 됐었다. Kimchi 냐 Kimuchi냐를 놓고 일본과 국제적인 논쟁을 벌인 것이다.

다행히도 CODEX는 우리 정부가 제시한 Kimchi의 규격안을 국제식품규격안으로 채택하여 논란에 종지부를 찍었다.

2019년 10월 파리김치페스티벌 행사장에서

기무치는 김치의 잘못된 일본식 표현으로, 김치(Kimchi)를 일본 글자로 표기할 수 없어 기무치로 표기한 것이다.

김치와 기무치는 사용하는 재료와 양념부터가 다르다.

김치가 다양한 채소를 소금에 절인 후 파, 마늘, 생강, 고춧가루, 젓갈 등의 양념을 첨가하여 발효시킨 식품인데 반하여 기무치는 간장, 파프리카 등의 양념으로 채소를 버무려서 만든 비발효 겉절이식 식품이라 할 수 있다. 또한 김치에는 우리 몸에 유익한 각종 유산균이 기무치에 비해 167배나 많다는 조사결과가 일본에서 과학적으로 입증되어 각종 언론에 보도되기도 하였다.

일본에서는 한국김치 특집프로그램을 제작하여 한국의 김치가 기무치에 비해 유산균이 풍부하고 비만 예방, 피부미용, 암 예방에 효과가 있는 다이어트, 건강식으로 소개하고 있다.

일본에서의 한 설문조사에 의하면 97%의 일본인이 김치를 한국 고유식품으로 인정하고 있으며, 기무치보다 한국 김치에 대한 선호도가 높다고 한다.

김치냐 기무치냐의 논쟁은 이제 종지부를 찍었지만 우리에게 시사하는 바가 크다. 수천 년을 이어져 오며 축적된 김치의 깊이와 넓이, 다양성은 일본의 기무치가 결코 따라올 수 없는 우리 김치 고유의 특성이며 영역임에 틀림없다. 하지만 김치를 비롯한 우리의 음식과 문화를 우리가 소홀히 하고 그 원형을 보존하고 새롭게 창조하는 노력을 게을리 한다면 김치냐 기무치냐의 논쟁은 언제든 다시 시작될 수 있다는 사실이다.

김치, 2013년 유네스코 인류무형문화유산으로 등재

김치는 세계 어디에서도 찾아볼 수 없는 독특하고 창조적인 발효음식으로 영양학적, 음식 문화적 가치가 뛰어난 우리 민족의 대표 음식이다.

2019년 10월 파리김치페스티벌에서 김치에 열광하는 파리의 젊은이들

김치는 단순한 발효채소가 아니라 젓갈류, 양념류, 향신료 등이 가미된 우리 고유의 복합 발효식품이다.

다른 나라에서 찾아 볼 수 없는 우리 민족의 지혜와 슬기가 집합된 걸작품이다.

한국의 전통 식문화인 '김장문화(Kimjang, making and sharing kimchi)'가 2013년 유네스코 인류무형문화유산으로 등재되었다. 최근 다양한 국제 행사와 교류를 통해 김치는 세계적인 음식으로 각광을 받고 있다. 현재는 '세계인이 사랑하는 김치'라고 해도 과언이 아니다. 관세청 수출입통계에 따르면 2021년 김치 수출액은 1억5990만 달러로 역대 최대 규모이고, 수출 대상국도 89개국이나 된다고 한다. 세계인들의 건강에 대한 관심과 한류 열풍에 힘입어 한국의 전통발효식품인 김치에 대한 인지도가 높아졌다.

특히 김치에 풍부한 영양성분과 발효과정에서 생기는 유산균이 코로나19로 야기되는 인체 내 유해한 활성 산소를 제거하여 증상을 완화시키는데 도움이 된다는 사실이 밝혀지며 김치의 위상이 더욱 높아졌다.

우리는 세계 어느 나라에서도 찾아 볼 수 없는 김치라는 훌륭한 문화적 컨텐츠를 갖고 있다. 오랜 세월 동안 축적된 김치의 컨텐츠는 어느 누구도 흉내 낼 수 없고 따라올 수 없는 우리만의 문화적 자산이자 가치이다. 우리만큼 김치를 잘 알고 잘 만들 수 있는 나라는 없다는 것이다.

이렇게 뛰어난 컨텐츠인 김치를 세계인의 입맛과 기호에 맞게 상품화하고 김치의 세계적인 브랜드 파워를 키워, 지구촌의 모든 사람들이 찾을 수 있는 매력적인 음식으로 만드는 일은 우리 모두의 몫이다.

Part I 윤숙자 교수가 풀어내는 **우리 김치 이야기**

Part Ⅱ 윤숙자 교수의 **대한민국 대표김치** 77선

배추김치류

무김치류

물김치류

채소김치류

육류&해산물김치류

소박이&식해류

별미김치류

Part Ⅰ

윤숙자 교수가 풀어내는

우리 김치 이야기

1. 김치 그 역사 속으로
2. 김치의 분류 및 종류
3. 김치 재료와 선별법
4. 김치 절이고 버무리기
5. 김치 저장과 보관법
6. 알아두면 좋은 김치 이야기

일러두기

이 책의 김치는 주재료에 의해 배추김치류, 무김치류, 물김치류, 채소김치류, 육류 & 해산물 김치류, 소박이 & 식해류, 별미김치류로 나누었다.

재료에서의 계량단위와 양은 아래를 기준으로 하였다.

- 1컵(cup) = 200cc = 약13큰술(Table Spoon)
- 1큰술(Table Spoon) = 15cc = 3작은술(tea spoon)
- 1작은술(tea spoon) = 5cc
- 고춧가루1컵 = 80g
- 굵은소금 1컵 = 160g

沈菜

1. 김치 그 역사 속으로

김치의 어원-침채에서 김치로

중국에서는 김치를 뜻하는 한자로 '저(菹)'를 사용하였고, 우리나라에서는 이규보의 『동국이상국집(東國李相國集)』에서 김치무리 담그기를 '염지(鹽漬)'라 하였는데, '지(漬)'는 '물에 담그다'라는 뜻에서 유래된 듯 하다. 이렇게 '지(漬)'라고 부르던 것이 고려말부터 '저(菹)'라 부르게 되었다.

조선 초기에는 '딤채'라 하여, 『내훈(內訓)』(1516년)에 처음 '딤채국'이 나온다. 『벽온방』(1518년)에는 "무 딤채국을 집안 사람이 다 먹어라."하였으며, 중종 22년 『훈몽자회(訓蒙字會)』(1525년)에서는 '저'를 '딤채→조'라 하였다. 소금에 절인 채소에 소금물을 붓거나 소금을 뿌리면 국물이 많은 김치가 되고, 이것이 숙성되면서 채소 속의 수분이 빠져 나와 채소 자체에 침지(沈漬)된다. 여기서 '침채(沈菜)'라는 고유의 명칭이 생겼고, 오늘날 우리가 사용하는 김치라는 말은 〈침채(沈菜) → 팀채 → 짐채 → 김채 → 김치〉와 같이 변화되었다. 김장이라는 말은 '침장(沈藏)'에서 유래되어 '팀장 → 딤장 → 김장'으로 변화가 된 것임을 알 수 있다.

김치의 역사와 유래-옛 문헌에 나오는 김치 이야기

우리 민족은 오래전부터 채소 염장법인 김치를 즐겨 왔다. 김치에 관한 문헌상 최초의 기록은 약 3000년전 중국 최초의 시집인 『시경(詩經)』「소아(小雅)」편에 '저(菹)'라는 이름으로 처음 등장한다.

"밭두둑에 외가 열렸네. 외를 깎아 저(菹)를 담그자. 이것을 조상께 바쳐 수(壽)를 누리고 하늘의 복을 받자"는 구절이 있는데 저(菹)는 오이를 소금에 절여 숙성시킨 것으로 김치 무리를 뜻한다.

그 후 중국 문헌인 〈주례(周禮)〉(한나라, 기원전 300년경)에는 오이 이외에도 부추·순무·순채·아욱·미나리·죽순 등을 사용하여 7가지의 저(菹)를 만들어 관리하는 관청이 있었다는 기록이 있다. 우리나라에서도 오이를 비롯한 기타의 채소가 재배되어〈시경(詩經)〉의 '저(菹)'와 같은 채소발효식품으로 식용되었을 것으로 추측되어진다.

우리나라에는 삼국(三國) 및 통일신라시대 이전의 문헌에는 저채류(菹菜類)를 가리키는 저(菹)의 기록은 보이지 않으나, 〈삼국사기(三國史記)〉(1145년)에서 고구려 사람들이 채소류를 식용한 사실을 알 수 있고, 신라 신문왕(683년)이 부인을 맞이할 때 납폐품목 중에 나오는 해(醢)는 '절일 해'로 어해(魚醢), 저해(菹醢) 등의 뜻이 있어 젓갈, 김치류의 총칭으로 해석될 수 있으며, 어패류나 채소 발효음식이 쌀, 술, 장류 등과 함께 사용되는 기본 음식이었음을 알 수 있다. 또한『삼국지(三國志)』「위지 동이전」고구려조(290년경)에 "고구려에서는 채소를 소금을 이용하였으며, 식품의 발효기술이 뛰어났다."는 사실이 기록된 것으로 보아 채소를 이용한 발효음식인 김치류가 있었던 것으로 추측되어진다.

우리나라 문헌상에 최초로 김치가 등장한 것은 고려 중엽의 이규보(1168~1241년)가 쓴 〈동국이상국집(東國李相國集)〉의 시(詩) "가포육영(家圃六詠)"에 "장(醬)에 담그면 여름철에 먹기 좋고 소금에 절인 김치는 겨울 내내 반찬 되네. 뿌리는 땅 속에 자꾸만 커져 서리 맞은 것 칼로 잘라 먹으니 배 같은 맛일세."라는 문구가 실려 있고 이밖에도 외·가지·순무·파·아욱·박의 여섯 가지 채소로 만든 김치가 기록되어 있다. 따라서 고려시대 김치는 장절임과 소금절임의 형태였으며, 김치 담그기를 '염지(鹽漬)'라 하고, 김치를 '지(漬)'라 하였으며, 고춧가루나 젓갈을 쓰지 않고 소금에 절인 채소에 마늘과 같은 향신료(香辛料)를 섞어 재우는 형태라 해서 '침채(沈菜)'라는 특유한 이름을 붙이게 되었다.

지금의 전라도 일부 지방에서는 옛 고려시대 명칭을 그대로 따서 보통의 김치를 '지(漬)'라 하고 있으며, 무나 배추 따위를 양념하지 않고 통으로 소금에 절여서 발효시켜 먹는 김치를 '짠지'라 하는데 황해도과 함경남도에서는 보통의 김치를 '짠지'라고도 부른다.

이달충의 〈산촌잡영(山村雜詠)〉(1300년대)이라는 시(詩)에서는 "여뀌에다 마름을 섞어서 소금절이를 하였다"는 구절로 보아 여뀌 등의 야생초로도 김치를 담근 것으로 보인다.

고추는 임진왜란(1592~1598년) 전후에 일본을 통해 우리나라에 들어왔는데 이수광의〈지봉유설(芝峰類設)〉(1613년)에 "고초(苦椒)에는 독이 있다. 일본에서 건너온 것이라 그 이름을 왜개자라고 한다.", "술집에서 소주에다 고추를 타서 팔기도 한다."고 하여 고추가 매운 맛으로 물을 탄 소주의 질을 속이는 데 이용된 것으로 보인다.

〈본초강목습유(本草綱目拾遺)〉(1765년)에서는 "고추가 요즘 재배되어 이것이 시장에 많이 모여든다. 이 고추는 고추장을 비롯한 넓은 용도로 쓰인다."는 기록으로 보아 고추는 김치 뿐 아니라, 그 시대에 식생활에 큰 영향을 미쳤다. 간장과 소금으로 끓이는 담백한 조리법에서 고추를 사용하여 여러 가지 맛이 한데 어우러지도록 하여 얼큰한 맛을 내는 조화미(調和美)의 조리법은 밥·국뿐만 아니라 나물무침 등에도 영향을 끼쳤다.

〈음식지미방(飮食知味方)〉(1670년경)에 동과 담그는 법, 마늘 담그는 법, 산갓김치, 생치침채법, 생치짠지, 생치지, 무김치(나박김치) 등 7가지의 침채류 만드는 방법이 나와 있다. 여기에 산갓침채는 산갓을 작은 단지에 넣고 따뜻한 물을 붓고 뜨거운 구들에 놓아 익히는 것으로, 이것은 '무염침채(無鹽沈菜)'처럼 채소 자체를 소금 없이 숙성시키는 것이다.

'생치침채법(生雉沈菜法)'에 "…꿩을 삶아 오이지와 같이 썰어 따뜻한 물에 소금을 알맞게 넣어 나박김치처럼 담궈 먹는다."라고 하여 꿩과 같은 동물성 식품이 김치에 들어간 것을 알 수 있다. 그리하여 맛과 영양을 보충하는 발효식품으로 발전하게 되었고, 동물성뿐만 아니라 특히 겨울철에 부족하기 쉬운 비타민의 공급원으로서, 또 섬유질이 풍부한 식품으로 사랑을 받게 되었다.

▶ 석박지

〈요록(要錄)〉(1680년)에는 김치류 11가지가 간단히 설명되고 있는데, 이들 중 고추를 재료로 쓰고 있는 것은 하나도 없고, 순무, 배추, 동아, 고사리, 청태콩 등의 김치와 소금으로 절인 순무뿌리를 묽은 소금물에 담근 동치미(冬沈)가 설명되어 있다.

〈산림경제(山林經濟)〉(1715년)에는 소금에 절이고 식초에 담그거나 향신료와 섞어 만든 8종의 저채류(菹菜類) 제조법이 소개되어 있는데 고추가 들어온 지 100년이 지났는데도 고춧가루를 김치에 이용한 기록이 나오지 않는다.

그 후〈경도잡지(京都雜誌)〉(1700년대 말)에 비로소 섞박지를 뜻하는 잡저(雜菹)가 등장하는데, "새우젓 끓인 국물에 무, 배추, 마늘, 고춧가루, 소라, 전복, 조기 등을 섞어 버무려 독 속에 겨울 동안 숙성시켜 맛이 매우 매운 것을 1700년대 서울 사람들이 먹었다."는 기록이 있다.

조선 중기 임진왜란(1592~1598년) 전후로 고추가 도입되면서 음식에 큰 변화가 오게 되었다. 원래 우리나라 기후는 겨울의 혹독한 추위와 여름의 무더운 기온관계로 열이 많은 매운 음식을 즐겼는데 매운 맛과 벽사(辟邪)의 의미, 부패방지, 고추가 김치의 소금 사용을 절약할 수 있는 이점 때문에 김치에 사용하였다. 고추가 들어오기 이전에는 향신료로 생강, 산초, 천초(川椒) 등을 사용해서 매운 맛을 냈으며 붉은색은 자주색 갓이나 맨드라미 등으로 색을 냈다.

본격적으로 고추가 김치에 사용된 기록은〈증보산림경제(增補山林經濟)〉(1766년)로 무에 청각, 호박, 가지 등의 채소와 고추, 천초, 겨자 등의 향신료를 섞고 마늘즙을 넣어 김치를 담는다고 기록하고 있다. 동치미, 배추김치, 전복김치, 굴김치 등 저채류 만드는 법 34종이 나와 있어 이때부터 김치에 고추를 일상적으로 사용하여 색깔과 조화를 이루는 오늘날과 같은 김치의 기초를 형성하게 되었다.

〈규합총서〉(1815년)에 젓갈의 사용이 처음으로 언급되고 있는데 조기젓, 준치젓, 밴댕이젓, 굴젓 등이 사용으로 고추와 더불어 젓갈이 김치의 주요 양념 구실을 하고 있었다. 고추의 도입으로 배추, 무 같은 식물성에 젓갈 같은 동물성이 첨가되어 영양상으로 균형을 이루고 이들 단백질 식품들이 발효과정에서 아미노산으로 분해되면서 독특한 맛을 내고 김치의 종류도 다양해졌다. 채소의 변색을 막기 위해 구리를 함유한 동전을 사용하였고 재료를 먼저 절여 담그는 방법을 사용하였다. 동치미, 섞박지 등 김치의 종류는 총 10가지로 밥 반찬의 으뜸으로 김치를 들었다.

〈임원십육지(林園十六志)〉(1827년) 속에 '저채류제법(菹菜類製法) '92종이 상세히 기록되어 있어 오늘날의 김치가 거의 완성된 것으로 보인다. '엄장채'(醃藏菜:소금절이 김치, 술지게미 김치), '자채'(鮓菜:식해형 김치), '제채'(虀菜:양념김치), '저채'(菹菜, 沈菜, 좁은 뜻의 김치)로 분류되며 '엄장채'란 소금, 술지게미, 향신료 등에 채소를 재워서 발효시킨 것으로 겨울을 위하여 저장하는 것이고,' 자채'는 소금과 쌀로서 발효시킨 것으로 안동식 해가 대표적이다.

'저'는 젓갈, 장, 생강, 마늘, 식초 등의 짜고, 시고, 매운 것과 잘 조화시킨 것이라고 하였다. 저채(菹菜)의 저(菹)는 '지(漬)'의 일종으로 고춧가루나 젓갈을 쓰지 않고 소금에 절인 채소에 마늘과 같은 향신료를 섞어 재우는 형태로서, 이를 '침채(沈菜)'라 한다고 적었다.

그 이후 홍석모의〈동국세시기(東國歲時記)〉(1849년) 10월조에 "서울의 풍속에 무·배추·마늘·고추·소금 등으로 독에 김장을 담근다. 여름의 장담그기와 겨울의 김치 담그기는 인가(人家) 일년의 중요한 계획이다."라고 하였고, 11월조에서는 "무 뿌리가 비교적 작은 것으로 김치를 담근 것을 동치미라 한다. 또 무·배추·미나리·생강·고추로 장김치를 담궜다가 먹기도 하고 섞박지를 담그기도 한다."고 하였다. 이러한 풍습이 널리 보급되어 김치 담그기는 장담그기와 더불어 가정생활의 2대 중요 연중행사가 되었다.

청장(淸醬)을 침채원으로 하는 장김치가 문헌상 처음으로 소개되었으며 배추, 무 위주의 김치가 보편화되었다. 오늘날의 김치는 배추통김치가 가장 주된 것이고 보편적이지만, 그 이전에는 무·오이·가지·동아·파·미나리·갓 등이 김치의 주재료로 쓰였으며 조선시대에 오면서 양념채소로 바뀌었다. 또 이전의 배추는 품이 작고 속이 알차지 못하여 널리 즐겨 먹지 못하였으나, 속을 넣어 통김치를 담을 만큼 품종이 좋은 배추가 재배되기 시작한 것은 지금부터 100여년 전인 1902년이다. 이때 비로소 속이 알찬 통배추인 결구배추를 재배할 수 있게 된 것이다. 배추는 재배가 쉽고 단맛이 나서 절임에 알맞은 김치를 담는 채소 중에는 가장 으뜸으로 여겨진다.

『침채 → 팀채 → 짐채 → → 김채 → **김치**』

2. 김치의 분류 및 종류

주재료별, 지역별, 계절에 따른 김치의 종류

(1) 지역에 따른 김치 종류 및 그 특징

우리나라는 남북으로 길게 뻗어 있어, 겨울의 기온차가 커서 북부로 올라갈수록 겨울이 길다. 따라서 계절과 지역에 따라 소금 사용량, 젓갈 종류와 젓갈 분량, 고추 사용의 형태와 분량, 부재료의 종류 등이 달라서 특색 있는 김치가 발달하였다.

김치를 만드는 원리는 지방이나 계절적으로 같으나 전체적으로 보면, 그 지방의 자연조건, 사회적 환경 등에 영향을 받으며 발달하여 맛이 다르다. 날씨가 추운 북부지방 김치는 국물이 많고 싱겁고 국물이 맑으며 젓갈은 조기젓, 새우젓을 많이 쓰며 남부는 김치에 속을 적게 쓰며 고춧가루와 젓갈, 소금을 많이 넣어 맵고 짜게 담고 멸치젓을 주로 사용한다.

중부지방

중부지방은 서울, 경기, 강원도, 충청도 지역으로 간이 중간 정도로 양념이 호화로우며 맛이 담백하다.

서울 지방은 대체로 짜지도 싱겁지도 않은 중간 정도의 맛을 유지하며 새우젓·조기젓·황석어젓 등 담백한 젓국을 많이 쓰고 생새우, 생갈치 등도 많이 넣는다. 김치의 종류가 다양하며 배추를 주재료로 한 통배추김치, 궁중음식 중의 하나인 장김치, 무를 삶아 고춧가루에 버무려 만든 숙깍두기, 아삭아삭한 맛이 일품인 열무김치, 무를 나박나박하게 썰어 만든 나박김치, 오이로 만든 오이김치 등이 대표적인 김치이다. 특히, 술안주로 선물하던 감동젓과 감동젓무는 삭힌 곤쟁이젓을 재료로 한 고급 깍두기이다.

경기도 지방은 사치스럽고 복잡하지만 그 외의 지역은 서울보다 소박하며 간은 중간 정도이다. 새우젓을 많이 사용하고 김치의 종류가 다양하다.

개성보쌈김치는 사치스럽고 공이 많이 들어가는 고급음식으로 배추의 넓은 잎은 그대로 두고 무와 배추의 줄기는 납작하게 썰어서 절인 다음 미나리, 갓, 파, 마늘, 생강, 사과, 배, 밤, 잣, 대추, 은행, 낙지, 전복, 표고버섯, 석이버섯 등의 양념과 고급재료를 넣어 고춧가루, 조기젓국과 버무리는데 기본 재료를 많게는 35가지 사용한다. 그 외 무의 표면에 생선비늘처럼 칼집을 넣은 비늘김치 등이 있다.

강원도 지방은 산악과 해안을 고루 접하고 있으며, 기후가 한랭하여 특색 있는 김치가 발달하였다. 배추김치에 소를 넣는 것은 경기도 지방과 비슷하며, 기본적인 재료 외에 해물을 넣거나 멸치젓을 넣어 맛을 더한다.

강원도의 영동지방은 태백산맥 동쪽으로 동해안을 끼고 있어, 싱싱한 오징어와 명태를 꾸덕꾸덕하게 말려 넣고 새우젓국으로 간을 하여, 여느 지방에서 느끼기 힘든 시원하고 개운한 맛을 내는 것이 특징이다. 영서지방은 갓김치로 담백하게 간을 하고 넉넉히 부어 매콤하고 시원하게 담는다.

그밖에 무를 여러 가지 모양으로 다양하게 썰어 북어대가리를 넣고 만든 강릉 깍두기와 무를 깍둑깍둑 썰어 창란젓을 넣고 담근 청란젓 깍두기, 더덕김치, 가지김치가 유명하다.

충청도 지방은 후한 인심이 김치에도 반영된 듯 양이 푸짐하고, 간은 중간 정도여서 맛이 순하며 양념은 많지 않아 구수하고 소박한 맛을 느끼게 한다.

젓갈은 새우젓·황석어젓·조기젓 등을 많이 쓰고 잣, 미나리, 대파, 삭힌 고추, 청각 등을 부재로 많이 사용한다. 김장을 담는 시기는 남부지방보다는 추위가 빨라 입동 전후에 담그며 일찍 먹을 것은 간을 심심하게 하고, 나중에 먹을 것은 간을 세게 하여 여러 독에 나누어 담근다.

남부지방

남부지방은 전라도와 경상도, 제주도 지역으로 양념이 많아 맵고 간이 세며 김치 국물이 적은 편이다. 북부지방보다 더 맵게 먹으며, 김치의 보존을 위해 소금 양을 많이 사용하고 멸치젓을 주로 사용하는 것이 특징이다.

전라도 지방은 곡물, 수산, 산채 등이 풍부하다. 다른 지방에 비해 겨울철에도 날씨가 따뜻한 편이어서 김치가 쉽게 산패될 우려가 있으므로 멸치젓과 고춧가루를 많이 넣어 짜고 맵게 담아 오래 저장 할 수 있게 한다.

고춧가루는 가루로 쓰는 것이 아니라, 분마기에 걸쭉하게 간 고추에 젓갈을 듬뿍 넣어서 고추양념을 미리 만들어 두었다가 사용하므로 빛깔이 매우 진하다. 또한 갈아둔 고추양념에 풀국(찹쌀풀)을 넣어 단맛과 농후한 맛을 내며 빨리 숙성된다.

그밖에 해산물이 풍부하여 조기젓·새우젓·멸치젓 등의 젓갈과 해산물을 많이 넣으며, 통깨를 볶아 넣기도 하는데 그릇에 담아 놓았을 때 전반적인 모양새가 화려한 것이 특징이다.

경상도 지방은 좋은 어장인 남해와 동해를 끼고 있어, 해산물이 풍부하고 낙동강 주위의 기름진 농토가 만들어져 농산물도 넉넉하며 음식의 모양을 별로 내지 않는 소박한 멋을 즐긴다.

김치에 마늘과 고춧가루를 많이 사용하여 맵고 간은 세게 하여 부패를 방지한다. 또한 멸치젓·갈치젓 등의 젓갈은 많이 넣고 생강은 적게 사용하며, 동해안 지방에서는 꽁치 젓갈을 넣기도 한다.

제주도 지방은 기후가 따뜻해서 김장이 별로 필요 없고 종류도 많지 않다. 만드는 방법이 간단하고 양념도 많이 넣지 않는다. 재료가 싱싱해서 굳이 양념으로 맛을 낼 필요가 없으며, 또한 양념이 귀해서 그것을 무척 아껴 썼던 전통의 조리법 때문이었다고 볼 수 있다. 따라서 양념을 적게 쓰기 때문에 재료의 참맛을 느낄 수 있으며 간은 비교적 짜고, 전복 등의 해물을 이용한 김치가 많다.

북부지방

북부지방은 황해도와 평안도, 함경도 지역으로 간이 싱겁고 양념을 적게 사용하여 맛이 슴슴하고 시원하다. 동치미, 백김치 등 국물이 넉넉한 편으로 새우젓, 황석어젓이 주로 사용된다.

황해도 지방은 쌀 생산이 풍부하고 잡곡의 생산도 많다. 김치의 간은 짜지도 싱겁지도 않은 서울과 비슷하며 맵지 않고 시원한 국물을 즐긴다. 젓갈은 까나리젓, 새우젓, 조기젓 등을 사용하고, 분디나 고수 등 특이한 향신료를 많이 사용하여, 김치의 독특한 맛을 더한다.

이 밖에도 양념과 부재료를 많이 쓰지 않아 담백하면서도 시원하며, 심심한 맛을 내는 것이 특징으로, 김칫국물이 시원한 탓에 국수를 말아 냉면을 해먹는 것이 풍속으로 되어 있다. 호박과 열무를 주재료로 하여 담근 호박김치는 푹 익혀서 찌개로 끓여 먹는다.

평안도 지방은 서해안과 닿아 있어 해산물이 풍부하고 평야가 넓어 곡식 또한 풍부하다. 서해안을 끼고 있어 함경도보다는 조기젓·새우젓을 많이 쓰는 편이나 전라도나 경상도보다는 적게 사용하고, 음식의 간은 대체로 싱거운 편이다.

옛날부터 중국과 교류가 많은 지역으로 음식도 큼직하고 먹음직스럽고 푸짐하다. 김치 소를 많이 넣지 않는 대신 김치 국물을 많이 부어 슴슴하게 간을 하여 담백하다. 날씨가 매운 추운 관계로 고춧가루를 적게 넣어도 산패될 우려가 없으며, 쇠고기 육수를 부어 김치를 담그므로, 시원하고 감칠맛 나는 김치국물이 별미이다. 특히 이 국물은 냉면 국물로 자주 이용된다.

함경도 지방은 가장 북쪽에 위치하며, 산세가 험하고 동해 바다에 면하고 있어, 음식 또한 독특하게 발달하였다. 음식의 간은 세지 않고 맵지도 않으며, 새우젓이나 멸치젓을 조금 넣고 소금 간을 주로 하여 담백한 맛을 즐긴다. 또한 음식의 모양도 큼직큼직하여 대륙적이고, 장식이나 기교도 적은 음식이 발달하였다.

또한 젓갈보다는 생태나 생가자미를 썰어 고춧가루로 버무려서 간을 맞추고, 김치국을 넉넉하게 부어 익으면 그 국물 맛이 신맛을 내고 상큼한 것이 특징이다. 이 밖에 특산물인 동태·오징어 등의 생선을 많이 넣는 김치가 발달되어 있고, 산악지대인 서쪽 지방은 돼지고기를 다져 넣은 위에 산악지방에서만 나는 천초, 분려 등의 열매를 조미료로 한 향긋한 김치가 특징이다. 또한 배추김치에는 천초를 넣은 국물에 배추를 넣어 익히는 방법이 특이하다.

〈지역에 따른 김치 종류〉

서울	감동젓김치, 배추김치, 깍두기, 백김치, 무청김치, 굴깍두기, 숙깍두기, 보쌈김치, 오이김치, 박김치, 열무김치, 갓김치, 장김치, 나박김치, 동치미, 섞박지, 무·오이송송이, 석류김치, 쌈김치
경기도	호박열무김치, 고수김치, 호박배추김치, 총각김치, 들깻잎김치, 개성 보쌈김치, 백김치, 비늘김치, 숙김치, 용인외지, 씀바귀김치, 순무김치, 꿩김치, 동치미, 채김치, 순무짠지, 순무섞박지, 고구마줄기김치, 팥잎김치, 연꽃동치미, 인삼물김치, 미나리물김치, 곤짠지
강원도	짠지, 창란젓깍두기, 채김치, 해물김치, 강릉깍두기, 깍두기, 씀바귀김치, 서거리김치, 동치미, 파래김치, 꼴뚜기무생채, 무청김치, 오징어무말랭이김치, 북어식해, 오징어식해
충청도	굴섞박지, 공주깍두기, 총각김치, 파짠지, 오이지, 시금치김치, 나박김치, 열무김치, 가지김치, 갓김치, 묘삼나박김치, 박김치, 새우젓깍두기, 돌나물김치, 양파김치, 고춧잎김치, 알타리김치, 어리김치, 굴깍두기, 솎은배추겉절이
전라도	검들김치, 약김치, 고추젓김치, 오이소박이, 가지김치, 고구마순김치, 고구마줄기김치, 고춧잎김치, 풋고추김치, 고들빼기조기젓김치, 고들빼기새우젓김치, 전복김치, 씀바귀김치, 갓김치, 고구마김치, 고들빼기김치, 부추김치, 양파김치, 파김치, 미나리김치, 콩나물김치, 가지김치, 박김치, 우엉김치, 감동김치, 감김치, 박깍두기, 무짠지, 파래김치, 반지(백지), 깻잎김치
경상도	안동식해, 콩잎김치, 깻잎김치, 고구마김치, 골곰짠지, 분홍지, 우엉김치, 더덕지, 사연지, 쪽파김치, 쑥갓김치, 마늘줄기 김치, 가지김치, 토란김치, 박김치, 씀바귀김치, 미나리김치, 고들빼기김치, 감김치, 무말랭이김치, 돗나무김치, 돌뱅이국물김치, 비지미, 부추김치
제주도	전복김치, 동지김치(꽃동배추김치), 해물김치, 나박김치, 양하김치, 파김치, 당근김치, 귤물김치, 퍼데기김치
황해도	호박김치, 동치미, 감김치, 고수김치, 꿩김치, 닭김치, 가두배추섞박김치, 참나물김치, 섞박지, 달래젓김치
평안도	냉면김장김치, 가지김치, 동치미, 백김치, 겨자김치, 삶은무김치, 매화김치, 알타리동치미, 연꽃동치미, 오이물김치
함경도	콩나물김치, 쑥갓김치, 함경도 대구깍두기, 봄김치(햇김치), 가자미식해, 명태김치, 채칼김치, 풋절이, 물김치, 한치김치, 꿩김치, 배추꽃장아찌, 배추잎장아찌, 무채장아찌, 무숙장아찌, 연무장아찌, 무청장아찌, 무말랭이젓장아찌, 배추무말랭 이장아찌, 배추짠지, 파짠지, 파강회짠지, 무채짠지, 삭힌고추짠지, 무배추고추잎짠지, 고갱이짠지, 열무짠지, 골곰짠지

(2) 주재료별 김치의 분류

김치는 사용되는 주재료에 의해 크게 김치류, 깍두기류, 동치미류, 절임류, 짠지류, 식해류 등으로 구분할 수 있고 이것을 세분하면 100여 종이 훨씬 넘는다. 배추나 그 밖의 채소류를 주재료로 한 김치류는 배추김치류 11종, 무김치류 21종, 나물김치 20종, 섞박지 5종, 파김치 5종, 어패류 및 육류김치 10종, 해조류 김치 4종, 물김치류 19종, 기타 김치류 12종 등 107종이다. 무를 주재료로 한 깍두기류가 16종, 동치미류가 10종, 겉절이류가 10종, 장아찌류가 23종, 소박이류 11종, 생채류 8종, 식해류 2종으로 총 187종으로 구분된다. 이 책에서는 총 77종의 김치 담그는 법을 소개하고 있으며 배추김치류와 무김치류, 물김치류, 채소김치류, 육류&해산물 김치류, 소박이&식해류, 별미김치류로 나누었다.

(3) 계절에 따른 김치의 종류 및 특징

우리 민족은 제철에 나는 재료들을 중심으로 계절에 맞는 김치를 담가 먹었다.

봄에는 움에 묻어 두었던 무를 이용한 나박김치, 햇깍두기, 햇배추, 미나리, 돌나물, 쑥갓, 실파 등으로 담근 봄김치가 있다. 3~4일 정도 단기간 숙성 후 먹으므로 채소 성분의 파괴율을 최소화 할 수 있어 좋다. 나박김치는 봄철 김치의 한 가지로 배추, 무를 얇고 납작하게 썰고 미나리를 섞어 파, 마늘, 생강으로 양념하고, 고춧가루와 실고추를 조금씩 섞어 분홍색의 국물이 흥건하게 되도록 담는 김치이며, 분홍지는 무, 열무, 배추 등을 소금과 실고추, 파, 마늘로 양념하여 국물이 흥건하고 화려한 분홍색이 들게끔 담근 나박김치이다.

봄에 담근 깍두기를 햇깍두기라 하고, 무를 살짝 삶아 담으면 숙깍두기가 된다. 돌나물김치는 돌나물을 살살 헹구어 씻어 소금물에 살짝 절였다가 파·마늘·생강에 고춧가루나 실고추를 조금 넣고 소금간을 한 국물을 부어 익힌 김치이다. 파김치는 실파를 주재료로 젓국으로 담근 김치이다. 쪽파김치는 쪽파를 소금물에 살짝 절여서 강회처럼 돌돌 말은 것을 멸치젓, 마늘, 고춧가루로 버무려 꼭 눌러 익힌 김치이다. 이 밖에도 어리김치, 상추겉절이, 콩나물김치, 얼갈이김치, 시금치김치, 봄갓김치 등이 있다.

여름에는 열무, 오이, 부추, 가지 등을 이용하여 단기 숙성시켜 먹었으며 오이소박이, 열무김치에 풋내를 가시게 하기 위해 밀가루풀을 조금 섞어 담그기도 하며 곡물을 첨가하여 발효를 촉진시킨다.

가지, 박, 부추 등을 이용한 단기숙성 김치와 소금물을 끓여 부어 익히는 오이지가 있다.

가을에는 무, 배추의 수확이 이루어져 섞박지를 담갔으며, 가을김치로는 통배추김치가 대표적이다. 여름에 담근 오이지를 무, 배추가 나올 때까지 먹으며 동아, 풋고추 등을 이용한 단기 숙성 김치를 담근다.

겨울에는 김장준비의 시기로 통배추, 무, 호박, 들깨잎 등으로 섞박지, 보쌈김치, 통배추김치, 동치미, 총각김치, 깍두기 등을 담근다. 젓국, 해물 등을 이용하며 장기 보관에 알맞게 저장하여 먹는다.

〈주재료별 김치의 분류〉

배추김치류	배추김치, 통배추김치, 양배추김치, 속대김치, 보쌈김치, 백김치, 씨도리김치, 얼갈이김치, 봄동겉절이김치, 강지, 배추겉절이김치
무김치류	총각김치, 알타리김치, 빨간무김치, 숙김치, 서거리김치, 채김치, 비늘김치, 무청김치, 나박김치, 애무김치, 단무지, 열무감자 김치, 비지미, 무묶음김치, 무백김치, 무명태김치, 무국화김치, 무배김치, 무오가리김치, 무말랭이김치, 무말랭이, 파김치
나물김치류	호박김치, 깻잎김치, 미나리김치, 냉이김치, 시금치김치, 콩나물김치, 고들빼기김치, 박김치, 죽순김치, 쑥갓김치, 고구마줄거리김치, 고춧잎김치, 가지김치, 달래김치, 메밀순김치, 도라지김치, 두릅김치, 부추김치, 고수김치, 풋마늘김치
섞박지	멸치젓섞박지, 동아섞박지, 배추섞박지, 무섞박지, 대구섞박지
파김치	실파김치, 쪽파김치, 오징어파김치, 전라도파김치, 황해도파김치
어패류 및 육류 김치	굴김치, 꽁치김치, 새치김치, 대구김치, 북어김치, 오징어김치, 전복김치, 닭김치, 꿩김치, 제육김치
해조류김치	파래김치, 미역김치, 청각김치, 톳김치
물김치류	시금치물김치, 인삼·오이물김치, 청갓물김치, 가지물김치, 분디물김치, 알타리 국물김치, 열무물김치, 돌나물물김치, 콩나물 국물김치, 더덕물김치, 갓물김치, 오이물김치, 열무오이물김치, 연배추물김치, 배추물김치, 평안도 통배추국물김치, 풋배추물 김치, 솎음배추물김치, 달랭이물김치
기타 김치류	갓지, 석류김치, 어리김치, 골림김치, 곤지김치, 고추김치, 장김치, 율장김치, 원추리김치, 하루나김치, 냉면김치, 찌개김치

깍두기류	알깍두기, 굴깍두기, 아가미깍두기, 명태깍두기, 쑥갓깍두기, 우엉깍두기, 숙깍두기, 대구깍두기, 대구알깍두기, 즉석용 흰깍두기, 열무오이깍두기, 오이깍두기, 풋고추깍두기, 풋고추잎깍두기, 삶은무깍두기, 창란젓깍두기
동치미류	동치미, 서울동치미, 나복동치미, 실파동치미, 무청동치미, 갓동치미, 총각무동치미, 알타리동치미, 궁중식 동치미
소박이류	소박이김치, 소배추소박이김치, 오이소박이, 통대구소박이, 빨간무소박이, 배추쌈오이소박이, 갓소박이, 고추소박이, 더덕소박이, 무청소박이, 오이송송이
겉절이류	상치겉절이김치, 얼절이김치, 배추겉절이김치, 배추시레기김치, 실파겉절이김치, 무겉절이김치, 오이겉절이김치, 깻잎·양 파겉절이김치, 열무겉절이김치, 부추겉절이김치
생채류	도라지생채, 노각생채, 파생채, 오이생채, 오징어생채, 더덕생채, 무생채, 제육생채
식해류	가지미식해, 마른고기식해
장아찌류	마늘장아찌, 마늘쫑장아찌, 달래장아찌, 고춧잎장아찌, 풋고추장아찌, 배추꽃장아찌, 배추잎장아찌, 무채장아찌, 무숙장아찌, 연무장아찌, 무청장아찌, 무말랭이젓장아찌, 배추무말랭이장아찌, 배추짠지, 파짠지, 파강회짠지, 무채짠지, 삭힌고추짠지, 무배추고추잎짠지, 고갱이짠지, 열무짠지, 골곰짠지

〈계절별 대표적인 김치의 종류〉

봄 (3~5월)	돌나물김치, 햇배추김치, 파(봄)김치, 시금치김치, 봄갓김치, 얼갈이김치, 미나리김치, 나박김치, 순무김치, 두릅김치 등
여름 (6~8월)	열무김치, 열무물김치, 부추김치, 오이소박이, 양배추김치, 가지김치, 박김치, 오이지, 죽순물김치, 고수김치 등
가을 (9~11월)	고들빼기김치, 가지김치, 총각김치, 파김치, 고추잎김치, 가을갓김치, 콩잎김치, 깻잎김치, 통배추김치, 동아김치, 풋고추김치 등
겨울 (12~2월)	섞박지, 통배추김치, 보쌈김치, 깍두기, 통무김치, 백김치, 동치미, 총각김치, 호박지 등

3. 김치의 재료와 선별법

김치를 맛있게 담그려면 가장 중요한 것이 재료를 잘 고르는 일이다. 재료는 크게 주재료와 부재료로 나눌 수 있는데, 주로 사용되는 주재료에는 배추, 무, 열무, 오이, 상추, 풋고추, 마늘, 고들빼기, 갓, 파, 부추, 미나리 등이 있다. 부재료로는 북어와 가자미, 굴, 동태, 명태, 전복 같은 해물류와 당근, 쑥갓, 청각 등의 채소류, 대추, 호박, 은행, 잣, 배, 밤 등의 과실류 등을 들 수 있다. 이밖에 향신료와 젓갈류, 김치의 독특한 맛을 내는 데 빼 놓을 수 없는 양념류 등이 있다. 따라서 맛있는 김치를 담그기 위해서는 신선하고 용도에 알맞은 싱싱한 채소와 양념류, 젓갈 등을 잘 고르는 것이 중요하다.

(1) 채소류

배추

배추는 속이 차는 정도에 따라 결구종, 반결구종, 개량종으로 나뉘는데, 배추의 겉모양만으로는 그 종류를 알아내기는 어려우므로 배추를 고를 때는 햇배추는 클수록 좋고, 가을 배추는 통이 너무 크지도 작지도 않은 중간 크기(약 3kg 무게)가 좋으며, 줄기의 흰 부분을 눌렀을 때 단단한 것이 수분이 많고 신선하다.

전체적으로 보았을 때 배추통의 길이가 짧고 들어 보아서 속이 꽉 찬 무거운 것이 좋다.

파란 겉잎이 완전히 붙어 있고, 푸른 잎이 많고 껍질이 얇으며 뿌리를 잘라 보아 자른 면이 하얀 것을 선택한다. 특히 조금 떼어 먹었을 때 고소하고 달콤한 것이 좋으며, 배춧잎에 검은 점이 있는 것은 피한다. 보쌈김치용으로는 푸른 잎이 많은 배추가 좋고, 백김치용으로는 잎이 짧고 통통하며 통이 큰 것은 피한다.

무

무는 빛이 희고 몸매가 매끈하며 흠이 없고 신선한 무청이 그대로 달려 있는 것이 무도 맛있으며 수분이 많아서 좋다. 또한 바람이 들지 않아야 하며 두들겨 보았을 때 단단하면서도 꽉 찬 소리가 나야 한다. 무는 크게 재래종 조선무, 왜무로 나뉘는데 조선무는 몸이 단단하고 물기가 적으며 전분 함유량이 많은 것이 특징이며, 왜무는 몸이 희고 길며 끝이 쭉 빠지고 잔털이 없는 것이 특징이다. 따라서 무를 고를 때는 다음과 같이 용도에 따라 선택한다.

① 장기간 저장할 김장용 무

다소 딱딱한 것이 적당하며, 무청이 붙어 있는 머리 부위와 밑둥치는 다소 가늘고 가운데 부위는 볼록하면서 약간 길쭉한 것을 고른다. 무청은 잎이 신선하고 많은 것이 좋으며, 뿌리는 매끈한 것이 좋다. 색깔은 너무 진한 것보다 연녹색이 무 길이의 절반 정도인 것이 알맞으며, 약간 매운 무가 좋다.

② 배추소를 넣는데 사용하는 무

몸이 단단하고 수분이 많고 크며 단단한 조선무가 좋다. 보통 원통형이며 머리는 푸르고 잎은 벌어진 것이 좋다. 채 썰어 양념에 버무리거나 또는 넓고 두툼하게 김치 켜 사이에 넣으면 김치 맛을 더해 준다.

③ 깍두기무

수분이 많고 몸매가 고우며 단단한 것이 좋다. 무의 윗부분이 푸른 것보다 비교적 흰색이 많고 위 아래 크기가 비슷해야 깍두기 모양이 일정하게 된다. 무청이 짙은 빛깔의 싱싱한 것을 고른다.

④ 총각무

'느르백'이라는 서울무로 작고 단단하며 둥글둥글하고 껍질이 얇고 무청이 신선한 것이 좋다. 모양은 위에서부터 아래로 갈수록 약간 퍼지면서 꼬리가 굵어진 것이 연하고 맛도 좋다.

⑤ 동치미무

무청이 싱싱하고 몸매가 고우며 밑동이 퍼지고 윗부분이 파랗지 않은 중간 크기의 재래 종이 좋다. 너무 작은 무는 단단하기는 하나 수분이 적어 맛이 덜하다.

얼갈이배추

얼갈이배추는 포기배추와 달리 속이 비고 잎이 성긴 배추로 수분 함량이 많아 주로 여름에 김치를 담가 먹는다. 얼갈이배추는 비타민 C와 칼슘, 섬유질이 풍부하고 조리를 하여도 영양소 파괴가 적어 김치뿐만 아니라 국이나 나물로도 이용한다.

열무

열무는 '어린 무'를 뜻하는 '여린 무'에서 비롯된 것으로 잎이 연하고 맛이 좋아서 주로 김치를 담가 먹으며 쌈이나 냉면, 국수, 나물, 비빔밥의 재료로도 사용한다. 열무는 열량이 낮고 비타민 A와 C가 풍부하며 섬유질이 풍부한 알칼리성 식품으로 고를 때에는 길이가 짧고 무 부분이 날씬한 것이 좋다.

오이

오이는 크게 재래종 오이, 가시오이, 청오이, 늙은 오이로 크게 나눌 수 있다. 재래종 오이는 크기가 작고 색깔이 연하며 씨가 적은 것이 특징으로 맛이 좋아 오이소박이나 장아찌, 물김치 등에 주로 이용한다. 가시오이는 표면이 오톨도톨한 돌기가 많이 돋아 있는 오이로 무침, 냉채, 샐러드 등의 반찬으로 주로 이용한다.

청오이는 가시오이와 비슷하게 생겼으나 색이 조금 더 짙고 표면이 윤기가 나면서 매끈하다. 늙은오이는 완전히 자라 누렇게 된 오이로 노각이라고도 하는데 고추장 등에 무쳐서 먹는다.

갓

갓은 색에 따라 붉은 갓과 푸른 갓이 있는데, 줄기가 길고 연하며 잎이 부드럽고 윤기 나는 싱싱한 것이 좋다. 붉은 갓은 푸른 갓보다 냄새가 진하여 고춧가루를 넣는 배추김치나 깍두기에 주로 쓰고 푸른 갓은 시원함과 깨끗함을 주므로 동치미나 백김치에 쓰인다. 줄기가 굵고 잎이 억센 갓은 김치를 시원하게 하기 위해 동치미나 백김치의 윗덮개로 사용하거나 우거지용으로 사용하면 좋다.

미나리

물김치에 빠지지 않는 미나리는 잎이 많고 채가 길며 줄기가 통통하여 윤기가 도는 것이 연하고 향기도 좋다. 또 마디를 끊어 보아 가느다란 실이 없는 것이 좋으며 매운맛이 강한 것은 김장용으로 적합하다.

파

파는 굵기가 굵은 대파와 가는 쪽파를 쓰는데, 대파는 뿌리 쪽의 줄기가 굵으며 싱싱한 것으로 잎이 길지 않은 것이 좋다. 쪽파는 머리 부분이 통통하며 둥글고 잎이 짧은 싱싱한 재래종이 맛도 있고 무르지 않는다. 파는 너무 크지 않고 전체적으로 잎이 짧으며 뿌리 쪽의 흰 부분이 많은 것, 광택이 있고 부드러운 것이 좋으며, 굵기가 고르고 마르지 않은 것을 고른다. 파김치로 사용할 파는 머리 부분이 크지 않고 길이가 길지 않은 것이 맵지 않고 맛이 있다.

고들빼기

4월경에 어린잎을 채취하여 데친 다음 무쳐서 나물로 먹기도 하며 김치를 담가 먹기도 한다. 특히 전라도지방의 고들빼기김치가 유명한데 김치를 담글 때에는 1주일 가량 소금물에 담가 쓴맛을 우려내고 담는다.

부추

부추에는 재래종과 개량종이 있는데, 재래종은 잎이 가늘고 개량종은 잎이 넓다. 부추김치에는 재래종이 적당하며, 길이가 긴 것보다 짧은 것이 좋다. 또 잎의 색이 파랗고 선명한 것이 좋으며 마르거나 꺽인 것은 피하도록 한다. 부추는 다른 채소에 비해 풋내가 쉽게 나므로 씻을 때에는 흐르는 물에 살살 흔들어 씻고, 부추김치를 담글 때에는 소금보다 멸치젓국에 절여야 맛이 좋다.

(2) 양념류

고추

고추는 색깔이 진하고 윤기가 돌고 선홍색을 띠는 것이 좋다. 고를 때는 껍질이 두껍고, 꼭지가 단단하게 붙은 것, 반으로 갈랐을 때 곰팡이가 슬지 않고 씨가 적고 속심이 노란색보다 붉은 빛이 진한 것이 좋다. 또한 매운맛과 단맛이 조화를 이루는 고추가 좋다. 응달 고추나 하우스 고추보다는 노지의 양달 고추가 좋은데 응달 고추는 꼭지가 길고 가늘며 직선인데 비해 양달 고추는 꼭지 길이가 짧고 굵으며 낚시 바늘 모양이다.

고추에는 조선고추, 호고추, 영양고추가 있고 말리는 방법에 따라 태양초와 쪄서 말린 화건초가 있다. 조선고추는 작고 호고추에 비해 껍질이 얇으며 씨가 많고 매운 맛이 강하며 김치를 담갔을 때 개운한 맛과 진한 다홍색으로 독특한 풍미가 있는 것이 특징이다. 호고추는 매운맛이 적은 대신 단맛과 향기가 좋고 껍질이 두꺼워 가루가 많이 나며 안동지방에서 많이 난다. 영양지방의 고추는 맵고 단맛이 나며 고소해서 상품으로 여기는데 너무 매워 호고추와 혼합해서 사용한다.

김치용 고추는 색이 검붉으며 윤기가 나지 않고 꼭지는 검푸른 빛이 나고 매운맛이 적은 화건고추보다 빛깔이 곱고 선명하고 윤기가 나는 태양초가 좋다. 잘 마른 태양초는 투명하고 고추씨가 보인다.

고추를 그대로 보관할 때는 습기와 직사광선을 피하여 통풍이 잘 되는 곳에 보관하고, 고춧가루로 보관할 때는 소금과 섞어 두면 벌레와 변질을 예방할 수 있다. 또한 고추씨에는 지방분이 많으므로 빻을 때 씨까지도 빻는 방법이 맛과 영양상으로는 좋으나 오래 두고 먹을 때는 고추씨를 빼서 지방의 산패를 막아야 한다.

찹쌀풀국, 밀가루풀국

물에 찹쌀가루나 밀가루를 넣고 끓여 식힌 풀국은 김치 양념에 넣으면 농도를 더하고 숙성이 빨리 되게 할 뿐만 아니라 감칠맛과 영양을 보완해 준다. 풀국은 주로 전라도 지방에서 김치 양념에 많이 사용하는데, 찹쌀풀국의 경우 단맛이 있어 김치가 빨리 시어지므로 빨리 먹는 김치에 넣으면 좋다. 또한 가지김치에 넣는 보리풀국의 경우는 물김치를 담글 때 넣으면 시원하고 담백한 맛을 내며, 열무김치나 얼갈이김치에 주로 사용하는 감자풀국의 경우는 채소의 풋내를 덜하게 한다.

소금

소금은 모든 종류의 김치에서 재료를 절이거나 맛을 낼 때 사용되는데, 염분의 농도에 따라 김치의 맛을 좌우하며, 김치를 장기간 보관할 수 있도록 세균 활동을 억제 한다. 소금에는 호염과 재염이 있는데, 배추나 무를 절일 때, 웃간을 할 때는 호염을 쓰고 김치의 간을 할 때는 재염을 사용한다. 소금은 빛깔이 밝고 이물질이 없으며, 수분이 없이 건조한 것이 좋다. 보통 재염은 호염의 ⅓정도 준비하며, 보관할 때는 습기가 없는 서늘한 곳에 보관한다.

마늘

마늘은 6쪽 마늘이 좋은데 쪽과 쪽 사이의 골이 뚜렷하여 하나하나가 두드러지고 마늘 껍질에 붉은 기가 돌며, 껍질의 섬유질이 선명하고 뿌리가 그대로 붙어 있는 것이 좋다. 또한 몸이 단단하며 매운 맛이 있고 향기가 강한 것이 좋다. 김장용으로는 맵고 단단하며 껍질에 붉은 빛이 도는 밭마늘이 좋으며, 수분이 많고 단단하지 않은 논마늘은 장아찌용으로 좋다.

생강

김치를 담글 때 필요한 생강은 황토흙에서 재배한 것이 좋고, 쪽이 크고 굵으면서 굴곡이 적은 재래종이 좋다. 또한 손으로 만져 보아 단단하고 색깔은 노란색을 띠며 껍질이 얇고 깨끗하며 마르지 않은 것으로 잘라 보았을 때 섬유질이 적은 것이 수분도 많고 맛도 강하다.

청각

청각은 김치의 탄산미를 내어 시원한 맛과 독특한 향, 코 끝에 찡한 맛을 낸다. 주로 동치미와 백김치에 사용하는데 마른 것, 불린 것, 생 것이 있다. 마른 것은 푸른빛이 많은 것으로 돌이나 티 없이 깨끗이 말려진 것이 좋고, 생 것은 검은 녹색을 띠고 가지가 통통하며 탄력성이 있고 윤기가 나는 것이 좋다.

굴

굴은 생으로 그냥 먹거나 밥, 국, 죽, 전, 젓갈 등 다양하게 이용하는데 김치에 넣으면 시원한 맛과 향을 낸다. 굴을 고를 때에는 알이 굵고 투명한 것이 좋고, 씻을 때는 슴슴한 소금물에 흔들어 씻는다. 주로 담근 지 한 달 안에 먹을 수 있는 김치에 넣는다.

(3) 젓갈류

젓갈은 어패류를 염장발효시켜 독특한 감칠맛이 나도록 한 우리나라 특유의 저장식품으로 예로부터 기호식품, 조미료 및 김치의 재료로서 널리 식용되어 왔다.

젓갈은 양질의 단백질인 동시에 칼슘과 지방질 공급원이기도 하다. 젓갈은 각 지방마다, 계절마다 담그는 재료가 다양해 약 140여 종류가 넘는데, 이중 김치의 양념으로 들어가는 젓갈의 종류는 60여 종에 달한다.

김치에 넣는 젓갈에는 멸치젓, 새우젓, 황석어젓을 주로 사용하며, 낙지젓, 갈치젓처럼 특별한 지역에서 사용하는 젓갈도 있다. 젓갈을 김치에 넣을 때에는 생젓갈이나 생젓국을 그대로 쓰는 경우와 젓갈을 달여 밭쳐서 액젓으로 넣는 경우 등 두 가지로 구분할 수 있다.

① 새우젓

새우를 소금에 절여 만든 젓갈로 시원하고 담백한 맛을 낸다. 새우젓은 담그는 시기에 따라 오월에 담그면 '오젓', 유월에 담그면 '육젓', 가을에 담그면 '추젓', 겨울에 담그면 '동백하젓'이라 부르는데 김장용으로는 육젓이 가장 좋다. 또한 보통 2~3월에 잡히는 보랏빛을 띠는 어린 새우를 사용하여 담근 젓갈을 '곤쟁이젓' 또는 '감동젓'이라 한다. 새우젓은 새우의 형태가 변하지 않고 굵고 살이 통통하며 단맛이 있으며 새우의 양끝이 붉고 잡어가 섞이지 않고 액즙이 맑고 젓국물이 많은 것이 좋다.

② 멸치젓

멸치를 소금에 절여 삭힌 젓갈로 새우젓과 함께 가장 많이 이용되며, 봄에 담근 것을 춘젓, 가을에 담근 것을 추젓이라 하는데, 5~6월에 잡히는 멸치로 만든 춘젓이 가장 좋다. 멸치젓을 고를 때에는 뼈가 보이지 않을 정도로 푹 삭아 비린내가 나지 않고 달착지근한 맛을 내며 거무스름한 색을 띠면서도 붉은 빛이 도는 것이 좋은 젓갈이다. 멸치젓은 달여서 체에 걸러 맑은 젓국을 만들고 주로 배추김치에 넣고 깍두기, 갓김치, 부추김치, 파김치, 고들빼기김치 등에 넣으면 깊은 맛을 낸다.

③ 황석어젓

황석어를 소금에 절여 삭힌 젓갈로 새우젓, 멸치젓과 함께 김장김치에 많이 쓰이고, 우리나라 대부분의 지역에서 사용하는 젓갈이다. 황석어젓은 빛깔이 노랗고 기름기가 도는 것일수록 잘 삭은 것인데, 고를 때에는 노란빛을 띠면서도 밝고 선명한 은색이 도는 것을 고르는 것이 좋다. 황석어젓은 살은 저며서 사용하고, 뼈는 달여서 젓국만 받쳐 사용한다.

④ 갈치젓

갈치젓은 전라도식 김치에 빠지지 않고 들어가는데, 갈치를 통째로 염장하여 2~3개월 숙성시킨 갈치젓과 일년 이상 숙성시킨 갈치젓국이 있다. 갈치젓국은 짙은 밤색을 띠고 김치발효에 주로 이용된다. 갈치속젓은 짙은 밤색을 띠고 완전히 삭혀 묽은 상태가 적당하다.

⑤ 조기젓

조기를 소금에 절여 삭힌 젓갈로 주로 5~6월에 조기가 많이 잡히므로 이때 젓갈을 많이 담는다. 조기젓은 젓국이 맑고 표면이 약간 누른빛이 나는 은빛을 띠며, 1년 이상 숙성시켜 조기젓국을 만든다.

⑥ 까나리액젓

까나리에 소금을 넣고 절여 삭힌 젓갈로 다른 젓갈에 비해 비린내가 적고 맛이 깔끔하며 풍미가 좋다. 까나리액젓은 김치의 신선도를 높여주고 숙성을 촉진시킬 뿐 아니라 비타민 B_1과 B_2, 아미노산, 불포화지방산이 풍부하다. 까나리는 5월~7월 사이에 많이 잡혀 이때 잡은 것으로 담근 액젓이 가장 맛이 좋으며, 각종 김치와 찌개, 국, 나물무침, 찜 등에 간장 대신 사용하기도 한다.

⑦ 밴댕이젓

밴댕이를 소금에 절여 삭힌 젓갈로 김치에 양념으로도 사용하지만 잘게 썰어서 양념에 무쳐서 밑반찬으로 먹기도 한다. 밴댕이는 주로 3~4월에 살이 많으므로 이때 담그는 젓갈이 맛이 좋으며 전라도와 평안도 지방에서 김치를 담글 때 멸치젓 대신 많이 사용한다.

4. 김치 절이고 버무리기

배추 절이는 방법

① 배추는 뿌리 밑동과 겉잎을 다듬는다.

② 배추 밑동의 중간에 칼집을 약 10cm 정도 길이로 넣고, 배추를 양손으로 잡아 결대로 벌려서 반으로 쪼갠다.

③ 그릇에 약 15% 정도의 굵은 소금물을 만든 다음 배추 사이사이에 소금물을 끼얹는다.

④ 배추를 큰 그릇에 담고 배춧잎 사이사이에 소금을 뿌린 다음 다시 소금물을 고루 끼얹는다.

⑤ 배추의 자른 단면이 위로 오게 하여 배추를 차곡차곡 담고 6~8시간 정도 절인다. 이때 중간에 배추의 위와 아래의 자리를 바꿔가며 절여야 속까지 고루 절여 진다.

⑥ 절여진 배추는 흐르는 물에 3회 정도 깨끗이 씻어, 채반에 건져 엎어서 물기를 뺀다.

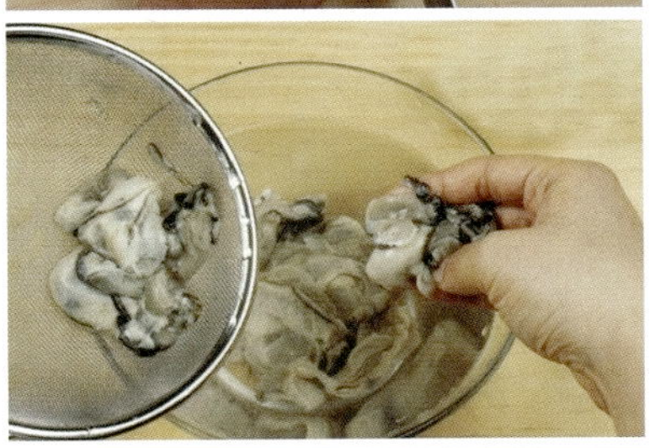

김치 재료 준비하는 방법

무 : 김치소용 무는 다듬어서 깨끗이 씻고 길이 5~6cm, 폭·두께 0.3cm 정도로 채 썬다. 나박 김치용 무는 가로·세로 2.5~3cm, 두께 0.3cm 정도로 썬다.

갓, 쪽파, 대파 : 갓, 쪽파와 대파는 다듬어서 깨끗이 씻고 갓, 쪽파는 길이 4~5cm 정도로 썰고, 대파는 길이 4~5cm 정도로 채 썬다.

미나리 : 미나리는 잎을 떼고 줄기는 깨끗이 씻어서 길이 4~5cm 정도로 썬다.

마늘, 생강 : 마늘과 생강은 곱게 다지거나 채 썬다.

새우젓 : 새우젓은 건더기는 곱게 다지고 국물은 바로 사용한다.

황석어젓 : 황석어젓은 살만 포 떠서 곱게 다지거나 머리와 뼈는 물을 붓고 끓여 젓국을 만들어 사용한다.

표고버섯과 석이버섯 : 표고버섯은 물에 1시간 정도 불려 기둥을 떼고 채 썰고, 석이버섯은 비벼 씻어서 가운데 돌기를 떼어 내고 곱게 채 썬다.

밤, 대추, 잣 : 밤은 껍질을 벗기고 저며 썰거나 채 썰고, 대추는 면보로 닦아서 살만 돌려 깎아 채 썰거나 돌돌 말아서 꽃모양으로 썬다. 잣은 고깔을 떼고 면보로 닦아서 사용한다.

굴 : 굴은 슴슴한 소금물에 살살 흔들어 씻고 체에 밭쳐 물기를 뺀다.

낙지 : 낙지는 소금에 주물러 깨끗이 씻고 길이 3cm 정도로 썬다.

배 : 배는 껍질을 벗기고 채 썬다.

실고추 : 실고추는 2~3cm 길이로 자른다.

5. 김치 저장과 보관법

김치 맛있게 저장 · 숙성하는 법

우리 조상들은 김치를 만드는 방법뿐만 아니라, 보관하는 용기나 방법에도 많은 정성을 기울였다. 그래서 김치 담그는 용기도 독, 중두리, 바탱이, 항아리 중에서 김치의 종류나 먹는 시기에 따라 알맞은 것을 골라 사용하였다.

김치항아리 자체는 정성을 다하여 만든 것이라야 제 맛을 낸다고 하여, 우수, 경칩이 지나 땅이 풀린 직후의 흙을 빚어 구워냈다.

이른 봄에 제일 먼저 구워 낸 독이 단단하여 새지도 않고, 공기도 통하지 않아 김치가 그대로 보존된다고 하여 으뜸으로 여겼다.

여름에는 김치가 빨리 쉬는 것을 막기 위해 이중독에 넣어 우물이나 냇가에 항아리를 담아 일정하게 온도를 유지시켰으며, 겨울에는 김치를 항아리에 담아 땅에 묻어 보관하였다.

요즘은 김치냉장고가 널리 보급되어 잘 익은 맛부터 살짝 익은 맛까지 조절해 주는 편리한 세상이다보니 김치를 보관하는 일에 큰 신경을 쓰지 않는 것이 사실이다. 하지만 김치냉장고가 모든 것을 해결해 주는 것은 아니므로 가정에서의 김치 저장 및 보관요령을 살펴보자.

우리 조상들이 겨울에 김치가
얼지 않도록 만든 김치 움집

가정에서의 김치 보관 요령

① 공기접촉을 막는다.

김치는 공기와 접촉되면 빨리 시어지므로 처음 담을 때부터 신경을 써야 한다. 항아리에 김치를 넣고 나면 손으로 꼭꼭 눌러 중간에 들어 있는 공기를 빼주고, 절인 우거지나 비닐을 덮어 공기와의 접촉을 차단한다.

그리고 아래의 김칫국물이 위까지 올라오지 않도록 주의한다. 김장김치를 항아리에 넣을 때는 반드시 비닐봉지에 넉넉하게 여유를 두고 담고 고무줄로 잘 묶어야 한다.

② 온도가 중요하다.

신선한 김치맛을 오래도록 유지하려면 무엇보다 저온에서 보관해야 한다. 김치가 가장 맛있게 익기 위한 저장과 보관의 적정온도는 0~5℃이다. 이 상태에서는 한달 정도 원래의 맛을 유지할 수 있으며, 10℃ 이상이면 보름만 지나도 맛이 변해 버린다.

또한 너무 추운 곳에서는 김치가 얼게 되고 김치 내부의 수분이 덩어리를 지어 결정화(結晶化)가 일어나 김치조직을 파괴하고, 그로 인하여 김치의 특성을 잃게 만든다.

③ 김치는 큰 용기 보다는 작은 용기에 나누어 담는 것이 좋다.

김치를 큰 항아리에 한꺼번에 넣어 두면 꺼낼 때 마다 김치와 공기가 접해 빨리 시어지므로, 처음 보관할 때부터 비닐팩에 1~2포기씩 나누어 담은 후 항아리에 넣는 것이 좋다.

또한 김치를 꺼낼 때는 한 개의 항아리에서 다 꺼내 먹은 후, 다음 항아리의 김치를 꺼내도록 한다. 일단 항아리 뚜껑을 열면 공기와 접촉하여 김치의 맛이 떨어지게 되고, 같은 항아리의 김치라도 처음 꺼내는 김치와 다 먹어 갈 무렵의 김치는 맛이 다르다. 김치를 꺼낸 다음에는 뚜껑을 꼭 닫아 될 수 있는 대로 맛이 달라지는 것을 막도록 한다.

④ 김치 내의 산도(酸度)가 낮아지지 않도록 달걀 껍질 같은 알칼리성 재료를 이용한다.

깨끗이 씻은 달걀 껍질을 거즈에 싸서 김치 담는 사이사이에 넣어 두면 김치가 시어지는 것을 예방할 수 있는데, 비율은 배추 2포기에 달걀 1개 정도가 좋다.

그밖에 밤 껍질을 사용해도 좋은데, 밤 껍질의 탄닌(tannin)성분이 젖산균의 번식을 막는 효과가 있어 김치가 시는 것을 막아 준다. 깨끗이 씻은 날밤 껍질 또는 삶은 밤 껍질을 달걀과 같이 싸서 김치 사이에 넣어 둔다.

또한 김치가 완전히 시어졌을 때는 깨끗이 씻은 조개껍질을 베주머니에 넣어 김치 국물 속에 두면 신맛이 줄어든다.

또한 김치에 겨자유(mustard oil)를 혼합하면 장시간 시지 않게 보존할 수 있지만 겨자유를 구하기 어려우므로 대신 갓을 많이 넣으면 비슷한 효과를 얻을 수 있는데, 이것은 갓에 겨자유와 비슷한 성분이 많기 때문이다.

⑤ 당장 먹을 것, 한겨울에 먹을 것, 봄에 먹을 것 등을 구분하여 간을 한다.

김치는 미리 먹을 것은 간을 슴슴하게 하고 나중에 먹을 것은 간을 조금 세게하여, 작은 항아리 구분하여 보관한다.

늦게 먹을 김치에는 해산물을 많이 넣으면 빨리 시어지므로 생선이나 젓갈은 조금 넣고 대신 소금을 좀더 많이 넣어 개운하게 담근다.

6. 알아두면 좋은 김치 이야기

1. 김치와 과학

(1) 김치의 제조과정과 원리

발효숙성과 성분변화

김치의 맛은 발효과정을 거치는 동안 배추나 무 같은 주재료와 양념에 함유되어 있던 고분자 화합물이 분해 되어 독특한 향미를 가진 저분자 물질이 생성되어, 무나 배추의 세포막을 통하여 내부로 침투함으로써 조화를 이루는 맛이다. 이러한 변화를 일으키는 과정을 '김치의 숙성(熟成)'이라고 한다. 가장 알맞은 숙성 온도는 5~10℃, 숙성기간은 15~20일이 경과된 것이며 pH 4.3 정도이다. 김치의 숙성은 온도가 높을수록, 식염농도가 낮을수록 빨리 일어난다.

김치 발효과정의 1단계는 pH가 급격히 낮아지고 산도와 환원당이 증가한다. 2단계에서는 pH가 완만하게 떨어지면서 산도가 점진적으로 증가한다. 3단계는 pH가 대체로 균일하고 산도나 환원당이 점진적으로 증가하는 시기이다, 마지막으로 4단계는 pH와 산도의 변화는 거의 없으나, 표면에 산막이 형성되어 당량(糖量)이 점차 감소하는 시기이다.

부재료의 영향

재료를 절일 때 소금을 많이 써 오랜 시간 절이면 수분이 너무 빠져 김치가 질기고 간이 짜며 잘 익지도 않는다. 반대로 소금이 너무 적게 들어가면 김치의 빛깔은 좋으나 쉽게 물러져 연부현상을 나타낸다. 대체로 15~20%의 소금물에 6~8시간 절이는 것이 좋은데, 중간에 한 두 차례 뒤집어 주면서 간이 고루 배게 한 다음, 충분히 절여지면 흐르는 물에 3~4회 정도 씻어 채반이나 광주리에 건져 엎어서 물기를 완전히 뺀다.

소금의 양과 절이는 시간을 적당히 해야 아미노산의 용출이 적어 영양 손실이 적다. 김치는 사용되는 재료에 따라 빨리 익기도 하고 발효 숙성기간이 지연되기도 한다.

젓갈류는 단백질, 아미노산 등 미생물 성장에 필요한 질소원을 다량 함유하고 있어 김치의 숙성을 촉진시키는데 새우젓이 멸치젓보다 조금 더 숙성을 촉진시킨다. 젓갈이나 어패류를 넣는 것이 일반적으로 자연 상태에서는 쉽게 부패하지만, 김치 속에 배합된 굴·새우·생선 등은 젖산의 작용으로 부패가 방지되며 먹기 좋은 상태로 발효된다. 파·마늘·고춧가루·소금·젓갈을 첨가한 김치는 젖산·숙신산·초산 및 CO_2 함량이 높아 맛에 크게 영향을 주며, 발효·숙성기간을 단축시킨다.

고춧가루와 마늘은 중요한 작용을 하는 것으로, 마늘은 유해 미생물을 죽이는 것으로 보이며, 고추는 발효 유산균의 번식을 촉진하고 초기 pH를 낮추고 산도를 증가시키나 발효가 진행함에 따라 pH 저하를 억제한다.

또한 고추는 후기에 번식하여 김치 산패의 주된 균으로 취급되는 *Lac. plantarum*의 번식을 억제하며 김치의 색감과 매운맛을 갖게 하여 식욕을 돋구어 주고 비타민C를 공급한다. 고추의 캡사이신(capsicine) 성분은 위액의 분비를 촉진시키고 살균작용도 있다. 또한 항산화제 역할을 해 김치가 쉽게 무르지 않도록 한다. 백김치가 일반 김치보다 쉽게 무른다는 사실에서도 고춧가루의 작용을 짐작할 수 있다.

당근은 고운 색을 부여하고 비타민 A의 공급원이 된다. 그러나 당근에는 비타민 C를 산화 촉진시키는 ascorbinase라는 효소가 많아, 비타민 C를 파괴시키므로 10% 이하로 제한해서 사용토록 한다.

오이는 김치의 숙성을 촉진시키는데, 오이즙의 알코올 가용성분이 *Lactobacillus plantarum*의 생육을 촉진시키므로 숙성이 촉진된다.

갓은 숙성을 지연시키며 갓의 allylisothiocyanate(AIT)는 독특한 매운 맛을 낸다. 이듬해 봄에 먹을 저장김치는 소금 농도를 높이고, 숙성 촉진 재료인 젓갈, 고춧가루 등의 양을 줄이는 것이 좋다.

김치의 산패 및 연부 현상

김치의 발효는 여러 가지 미생물에 의하여 성분 변화가 계속적으로 일어나기 때문에 완숙기가 지나면 산생성량이 많아져, 식품으로 섭취하기에는 곤란한 상태가 된다. 이러한 현상을 '산패(rancidity)'라고 한다. 김치류는 어느 정도 숙성기간이 지나면 생성된 젖산량이 많아져 식품으로 섭취하기 어려운 상태가 되는데, 김치의 보존기간이 제한되는 이유 중의 하나가 된다. 이러한 것을 총칭하여 과숙(過熟)이라고 할 수 있으며, 겨울철에 김치를 장기간 저장했을 때나 여름철 김치에서 흔히 볼 수 있다.

김치 숙성 중 조직이 물러지는 연부현상(softening)은 채소의 조직 내의 존재하는 펙틴질이 분해되기 때문에 일어나는 현상이다. 펙틴질의 분해는 채소류의 조직에 존재하는 Polygalacturonase를 생성하는 미생물은 *Bacillus, Flavobacterium, Pseudomonas* 속 등 호기성 세균과 *Penicillium*속, *Aspergillus*속 등의 곰팡이류, *Candida*속 등의 산막효모가 있다.

김치의 산패현상은 김치의 발효과정중에 젖산균이 생성하는 산들에 의해 발생되며, 이상 젖산발 효균인 *Leuconostoc mesenteroides*와 정상 젖산발효균인 *Lactobacillus plantarum*이 젖산을 생성한다. 생성된 많은 양의 젖산을 호기성세균이나 산막효모들이 이용하게 되므로, 연부현상과도 연관된다. 산패 관련 미생물들은 온도에 큰 영향을 받기 때문에 저온 숙성으로 품질변화를 극소화 할 수 있다.

(2) 김치의 일반 성분 및 영양

김치류는 당과 지방함량은 낮고 비타민과 무기질, 섬유질은 높은 저열량 알칼리성 식품으로 대장암, 비만, 당뇨병, 고혈압에 효과가 있다. 배추나 무, 열무와 같이 녹색잎을 이용하는 식품들은 녹색잎에 비타민 A가 상당량 들어 있으므로 꼭 다듬어 내야 할 것 외에 이들은 너무 제거하지 말아야 하며 고추, 갓, 무청, 파 같은 녹황색 채소을 많이 섞으면 비타민 A, 비타민 C가 많아진다.

김치에 함유된 비타민 A, B, C의 양은 잘 익었을 때 최고로 많으며, 비타민 B_1, B_2, B_{12} 등은 발효 최적기에 처음의 2배까지 함유가 늘어난다. 그러나 김치가 시어지면 영양가 역시 파괴되므로 알맞게 숙성시켜 먹고 시지 않게 하는 것이 비결이다. 또한 갓 담근 김치에는 약간의 유해세균이 있을 수 있지만 발효과정에서 대부분 죽어 잘 익은 김치에는 유해세균이 거의 없다. 맛과 영양이 정점(定點)을 향해 익어가면서 위생적으로도 완벽해지는데, 이것은 바로 김치의 신비라고 할 수 있다.

김치류는 익어 감에 따라 항균작용(抗菌作用)을 갖는다. 숙성 과정 중 발생하는 젖산균은 익어감에 따라 새콤한 맛을 낼뿐만 아니라 다른 균을 억제하여 이상발효를 막을 수 있고, 또한 병원균도 억제한다. 이러한 유산균은 김치가 숙성되는 동안 증가되어 신맛을 증가시키는 데 알맞은 숙성온도는 5~10℃이며, 숙성기간은 15~20일 경과된 것이 기호적인 면에서 가장 우수하고 비타민의 함량도 가장 많다.

고추는 김치재료 중 당근 다음으로 비타민 A를 많이 함유하고 있으나, 당근의 경우 비타민 C를 파괴하는 효소를 갖고 있기 때문에 가급적 사용하지 않아 고춧가루가 중요한 비타민 A의 공급원이 된다. 또한 고춧가루는 김치 재료 중 가장 많은 비타민 C를 함유하고 있다. 그러나 김치의 숙성에 따라 비타민 함량이 달라지는데, 여름철 김치에 들어 있는 비타민 중 비타민 B_1, 비타민 B_2, niacin은 담근지 1주일 후까지 보존이 잘 되는 편이나, 비타민 C는 1주일 후에는 거의 파괴되어 남아 있지 않으며, 겨울철 김치에서는 여러 가지 비타민이 별로 파괴되지 않고 이듬해 봄까지 잘 보존되는 편이다.

또한 고추에는 capsacine이라는 매운맛 성분이 0.2% 들어 있어, 젓갈류의 산패를 막고 단백질을 분해해서 김치의 맛을 유지하는 중요한 역할을 한다. 마늘은 탄산의 15배가량이나 살균력이 높은 ally sulfide라는 자극성 물질을 갖고 있어, 항균작용을 한다. 또한 마늘의 allicin은 체내 비타민 B_1의 흡수를 촉진시킨다. 마늘은 예부터 강장식품으로 널리 알려져 왔다.

이집트의 피라밋을 축조할 때 인부들에게 마늘을 먹여서 거대한 축조물을 완성했다는 전설만으로도 마늘의 강정효과는 충분히 뒷받침된다. 외국인이 싫어하는 냄새의 원인인 allicin은 비타민 B_1과 결합하여 분해되지 않은 형태가 되고, 비타민 B_1의 흡수를 좋게 하는 약효가 있어 건강증진에 큰 몫을 한다. 마늘은 비타민 B_1이 풍부한 식품(돼지고기, 땅콩 등)과 함께 먹으면 효과가 더욱 크다. 마늘은 가능하면 날로 먹는 것이 좋다. 적은 양이라도 계속 먹는 것이 몸에 좋아 겨울철 추위를 이기고 혈액순환을 돕고 혈중 콜레스테롤을 감소시킨다.

생강의 gingerone, shogaol 등은 매운맛 성분으로 향기와 매운맛을 내며, citral linalool은 향기성분이다. 생강은 건위발한(健胃發汗)에 특효가 있고, 전분질의 소화를 돕고 호흡작용을 촉진하는 효과가 있다. 김치에 사용되는 양은 0.4% 정도가 좋다. 생강은 알카리성 식품으로 칼슘과 비타민류가 많이 들어 있다. 매운맛이 강하고 생선이나 육류를 섞을 때는 냄새를 없애준다.

파 역시 마늘과 같은 자극성 성분을 갖고 있으며, 파의 녹색 부분은 비타민 A, C를 많이 함유하고 있다. 파는 살균·살충의 효과가 있으며 유기산, 유기염 등의 효소를 많이 가지고 있다. 마늘과 같은 자극성분을 갖고 있어 체내 비타민 B_1의 흡수를 돕는다. 오이에는 cucurbitacin이라는 쓴 맛 성분을 함유하고 있어, 소화를 순조롭게 해주며, 칼륨 성분이 많아 이뇨작용을 돕기도 한다.

새우젓이나 멸치젓은 야채류에 부족하기 쉬운 단백질, 아미노산 및 지방질의 좋은 공급원이 되며 김치의 독특한 맛형성에도 기여한다. 또 이들 젓갈들은 칼슘함량이 높은 알칼리성 식품으로 체액을 중화시켜 주는 역할도 하고 있다. 해산물 중 김치의 재료로 가장 많이 사용되는 굴은 바다의 우유라고 할 정도로 칼슘, 철분 등 조혈성분이 풍부하고 글리코겐, 비타민류가 많이 함유되어 있다. 무·배추에 있는 부드러운 섬유질은 변비를 막아 준다.

김치가 익으면서 새우젓, 멸치젓, 황석어젓 등의 단백질이 아미노산으로 분해되며, 뼈도 녹기 때문에 칼슘의 급원이 된다. 김치는 인체에 필요한 염분과 무기질을 함유하므로 체액을 알칼리성으로 만드는 중요한 역할을 한다. 김치 중의 칼슘은 젖산의 작용으로 인체에 쉽게 흡수되는 것이 특징이다. 김치에 생새우를 넣으면 적당히 삭아 껍질까지 먹을 수 있으므로 좋은 칼슘 공급원이 된다.

김치에 사용되는 주재료들은 공통적으로 수분이 많아서 다른 영양소의 함량은 낮게 나타나지만, 유산균은 장내 유해세균이 번식을 차단, 정장작용을 한다. 당과 콜레스테롤 흡수를 저하시켜 성인병 예방에도 도움을 주어 고혈압, 당뇨병에도 효과가 있다. 김치의 젖산균이 해독작용을 하고, 암세포에 의해 유발되는 복수암이나 고형암에 대해 억제효과가 있다는 연구보고가 있다. 김치의 유산균을 계속 섭취시킨 흰 쥐가 장내 유산균수가 급격히 증가되고, 대장균수가감소하면서 체내 독성이 줄어 김치가 항암작용을 한다고 한다.

이 외에도 김치류는 채소류의 즙과 식염 등의 복합작용에 의해서 장내를 깨끗하게 해주는 작용을 한다, 위장 내의 단백질 분해효소인 pepsin 분비를 촉진시키고, 소화·흡수작용을 촉진시키며 장내 미생물 분포를 정상화시킨다.

(3) 김치의 맛 · 향 · 색

김치의 맛은 좋은 재료의 선택과 알맞은 재료 배합, 그리고 담는 방법과 김치의 저장 상태에 따라 좌우된다. 동양에서는 음식의 맛을 다섯(五味)으로 구분하는데, 짠맛·신맛·쓴맛·단맛·매운맛으로 이 가운데 쓴맛과 단맛은 다른 음식의 맛을 감하게 하지만 짠맛과 신맛은 다른 음식의 맛을 돋구게 한다.

이 짠맛과 신맛을 고루 갖춘 음식이 바로 김치여서, 김치는 다른 음식을 더 잘 먹게 하는 역할도 하고 있다. 더구나 독특한 절임의 방법과 고추를 이용한 산패의 방지로 인해, 날 채소를 사각사각 씹는 감촉과 매콤 새콤하고 짭짤한 김치 특유의 맛은 채소요리 중에서도 으뜸이다.

김치의 맛은 발효과정을 거치는 동안 배추와 무 같은 주재료와 양념에 함유되어 있는 고분자 화합물이 분해, 독특한 향미를 가진 저분자 물질이 생성되어 무나 배추의 세포막을 통하여 내부로 침투함으로써 조화를 이루는 맛이다. 김치의 짠맛은 소금에 의해 단맛은 당에 의한 것이며 산미 및 상쾌한 맛은 발효과정에 의한 유기산과 CO_2의 영향으로 시원한 맛을 느끼게 한다.

이 CO_2는 발효 초기에 생성되어 후기에는 별로 증가되지 않으며, 식염 농도가 낮은 김치는 그 농도가 높은 것보다, 또한 저온에서 숙성한 것이 고온에서 숙성한 것보다 acetic acid와 CO_2 함량이 많다. 즉 김치의 상쾌미를 주는 유기산으로 lactic acid, succinic acid 및 acteic acid를 들 수 있고, 무기산으로는 탄산이 중요한 역할을 한다.

숙성한 김치에는 유기산 이외의 맛성분인 ethylalcohol이 가장 많다. 날김치에는 함황물질, 아세트알데히드 등이 많으나 김치가 숙성함에 따라 이들 성분은 점차 감소하고 에틸알코올이 증가하여 김치의 향미(香味)를 돋군다.

식염의 농도도 김치의 맛과 깊은 관계가 있는데, 배추를 절일 때는 대체로 15%의 소금물에 6시간 절이거나 20%의 소금물에 3시간 절이는 것이 당과 아미노산 용출량이 적어서 맛과 영양의 손실이 적다. 완성된 김치의 소금 농도는 약 3%가 적당하며, 식염의 양이 알맞아야 발효가 빠르고 젖산을 잘 만들어 김치가 맛있게 익는다.

소금의 양이 많아질수록 유산균이 번식하는 데 걸리는 시간이 길어지고, 생성되는 산의 총량도 상대적으로 줄어든다. 또한 생성되는 산의 종류도 달라져 쓴맛과 이질의 신맛을 주는 산의 양이 증가해 김치의 맛을 저해하므로, 소금의 배합량(配合量)에 주의하여야 한다. 김치의 감칠맛은 유리아미노산과 헥산 등의 분해물질인 정미성(呈味性)의 5'-mononucleotides에 기인한다.

알맞게 절인 배추에 생새우나 생태, 생굴, 젓갈 등의 소를 넣으면 김치의 단백가가 높아지고, 무기질의 함량이 풍부해져 김치의 감칠맛이 있고, 국물도 매우 신선해져서 산뜻한 맛을 낸다. 이 맛난 맛성분은 김치가 숙성되는 동안에 채소 중의 탄수화물과 단백질이 일부 가수분해하여 당, 펩타이드, 아미노산 등을 생성함으로써 맛의 성분을 증가시킨다.

양념 중에 고추는 발효를 촉진하여 식욕을 돋구어 주는데, 배추 통김치에 고춧가루의 첨가비율이 약 1.5%일 때 가장 맛이 있고, 깍두기는 2.0%일 때가 가장 적당하다. 마늘은 김치의 숙성을 촉진하며 매운 맛 성분의 allicin이 있고, 김치에 0.5% 내외로 넣는 것이 적당하다.

근래에는 맛을 좋게 하기 위해 김치에 설탕을 넣고 버무리는데 이로 인해 국물이 걸쭉해지기 쉽다.

이 걸쭉한 물질은 미생물이 합성한 고무질 성분의 덱스트란(dextran)으로서, 이것이 생성될 때 각종 비타민과 아미노산을 소모하게 되며, 김치의 맛과 영양을 저하시킬 뿐 아니라 입에 들어갔을 때 촉감도 나빠지므로 그 양을 줄이도록 한다.

김치를 만든 후 저장할 때의 온도는 높아질수록 젖산의 생성이 빨라지고 그 양도 짧은 시간 안에 많아지게 된다. 그래서 언제 먹을 것인가를 결정하고 보관온도를 적당하게 조절하는 것이 김치의 맛있게 먹는 방법이다. 김치의 향기와 맛은 삼투작용에 의해 주로 김칫국물에 들어 있는 향미성분에 의한 것으로, 이 향미성분은 채소를 소금으로 절일 때 삼투작용에 의해 채소 밖으로 배어 나온 것이다.

발효작용은 숙성기간 중 여러 미생물이 작용하여 채소의 즙액 성분을 분해하여 산 또는 조미성분이 만들어지며, 이것이 소금과 함께 채소의 세포조직 속에 들어가서 특수한 향기와 맛을 가지게 된다.

김치의 발효는 젖산균을 비롯한 여러 가지 미생물이 관련하며 단순한 젖산발효가 아닌, 복잡한 발효과정을 거쳐서 김치 특유의 향미를 부여하게 된다. 김치는 오미(五味) 뿐 아니라 오색(五色)을 갖추고 있다.

배추 백색잎과 무는 흰색, 배추 푸른잎, 파잎은 푸른색, 배추속잎과 생강, 마늘은 누런색, 고춧가루는 붉은색, 젓갈이나 청각 그리고 김치항아리는 검은색으로 오방색(五方色)을 나타낸다. 김치가 숙성함에 따라 배추의 연두 빛을 띤 백색잎 조직은 적색화 되고, 배추의 녹색잎 부분은 적색이 섞인 어두운 녹색으로 변한다.

Part II

윤숙자 교수의

대한민국 대표김치 77선

1. 배추김치 10종
2. 무김치 12종
3. 물김치 10종
4. 채소김치 18종
5. 육류&해산물김치류 9종
6. 소박이&식해류 5종
7. 별미김치류 13종

배추김치류

1. 통배추 김치
2. 배추겉절이
3. 연배추통김치
4. 이북식 배추김치
5. 백김치
6. 고추씨김치
7. 반지(백지)
8. 보쌈김치
9. 백보쌈김치
10. 고수배추김치

01 통배추김치

통배추김치

배추와 무를 주재료로하여 신선한 해불과 갖은 양념을 넣어 적당히 숙성·발효시킨 김치이다.

재료 및 분량

배추 5통	13kg	굵은소금 7½컵	1.2kg
무 3개	4.5kg	청각	50g
갓	500g	미나리	200g
쪽파	600g	파 ¼단	300g
마늘 5통	250g	생강	80g
굴 2컵	400g	생새우 1컵	200g
새우젓 1컵	250g	고춧가루 4컵	320g
멸치액젓 2컵	450g	고운소금 3큰술	30g
설탕 2큰술			

담그기

① 배추는 뿌리 밑동과 겉잎을 다듬고 길이로 포기의 반만 칼집을 넣어 손으로 쪼갠다. 15% 정도의 굵은 소금물에 6~8 시간 정도 절인 다음 깨끗이 씻어 건져 물기를 빼 놓는다.

② 무는 깨끗이 다듬어 씻어서 길이 4cm 정도로 채 썰고 파, 청각, 갓, 미나리, 쪽파도 씻어서 무와 같은 길이로 썬다. 마늘과 생강은 곱게 다진다.

③ 새우젓은 건지만 건져 잘게 다져 놓는다. 생굴과 생새우는 옅은 소금물에 살살 씻어 물기를 뺀다. 생새우는 곱게 다지고 고춧가루는 멸치젓국에 불려 놓는다.

④ 무채에 불려 놓은 고춧가루와 나머지 준비한 재료를 넣고 버무린 후 생굴과 생새우를 넣고, 소금·설탕으로 간을 맞추어 김치양념을 만들어 놓는다. [사진 ❶❷]

⑤ 배추 사이사이에 버무려 놓은 양념을 고루 펴 넣고 배추겉잎으로 양념이 흘러나오지 않게 둘러 감아 항아리에 차곡차곡 7~8부 정도 담는다. 절인 배추우거지로 김치 위를 덮어 꼭꼭 눌러 담아 공기와 접촉하지 않게 하고 고운소금을 뿌려 눌러 놓는다. [사진 ❸❹]

Tips

- 김치를 버무려 넣을 때는 재빠른 손놀림으로 물리적인 힘을 여러번 가하지 않는 것이 재료의 신선도 유지에 필요하다.
- 겨울 김장 배추김치는 10℃에서 3주간 숙성, 발효시키는 것이 맛과 영양이 가장 좋다.

02 배추겉절이

배추겉절이

새우젓을 조금만 넣고 만들어 개운하며, 신선한 맛을 즐기는 즉석 김치이다

재료 및 분량

재료	분량	재료	분량
배추 ½포기	1kg	굵은소금 ½컵	80g
홍고추 4개	60g	파	240g
쪽파	20g	굴	50g
새우젓 2큰술	45g	멸치액젓 1큰술	
고춧가루 ½컵	40g	마늘 ½통	25g
생강	5g	설탕 ½큰술	6g
참기름 2큰술	20g	통깨 2큰술	10g
고운소금 적당량			

담그기

① 배추는 뿌리 밑동을 잘라 배추잎을 하나하나 떼어내고 굵은소금에 절인 다음 가볍게 씻어 건져서 물기를 빼고 먹기 좋은 크기로 찢어 놓는다. [사진 ❶]

② 홍고추는 반으로 잘라 씨를 털어 내어 2~3cm 길이로 채 썰고, 파와 쪽파는 3cm 길이로 채썬다. 새우젓은 건지를 건져 다지고, 마늘과 생강은 다진다. [사진 ❷]

③ 젓국 물에 고춧가루를 넣어 불린 후 다진 마늘, 생강, 새우젓, 채썬 파와 홍고추를 넣고 고루 섞어 김치양념을 만든다.

④ 절인배추에 김치양념을 넣고 버무린다. 생굴, 참기름, 통깨를 넣고 다시 버무린다. [사진 ❸❹]

Tips

- 배추겉절이를 상에 내기 직전에 참기름을 넣고 버무리면 싱싱한 배추의 맛과 참기름의 고소한 맛이 더욱 잘 어울린다.
- 배추의 너무 푸른 겉잎은 뻣뻣하고 맛이 좋지 않으므로 사용하지 않는다.
- 식성에 따라 참기름, 설탕, 통깨, 고운소금으로 간을 하여 담는다.

03 연배추통김치

연배추통김치

결구가 생기지 않고 자란 연한 배추로 담근 김치이다.

재료 및 분량

재료	분량	재료	분량
연배추 10포기	3kg	굵은소금 1½컵	240g
실파	50g	마늘 2통	90g
생강	20g	홍고추 10개	150g
고춧가루 1½컵	120g	새우젓 3큰술	55g
멸치액젓 ½컵	100g		
찹쌀풀국 ½컵(물 ½컵, 찹쌀가루 1큰술)			
설탕·고운소금 적당량			

담그기

① 연배추는 뿌리 밑동과 겉잎을 다듬고 15% 정도의 굵은 소금물에 1시간 정도 절인다. 절여진 연배추는 깨끗이 씻어 건져 물기를 빼놓는다. [사진 ❶]

② 홍고추는 깨끗이 씻고 길이로 2등분 하여, 믹서에 물과 마늘, 생강을 함께 넣어 곱게 간다.

③ 새우젓은 건지만 곱게 다진다. [사진 ❷]

④ 물에 분량의 찹쌀가루를 풀어서 찹쌀풀국을 쑤어 식힌다. 여기에 고춧가루와 홍고추 갈아 놓은 것, 새우젓, 멸치액젓, 설탕, 고운소금을 넣고 김치양념을 만든다. [사진 ❸]

⑤ 절인 연배춧잎 사이사이에 김치양념을 고루 바르고 항아리에 차곡차곡 눌러 담는다. [사진 ❹]

Tips

• 연배추 통김치는 연하고 여린 배추로 담아서 섬유질이 부드럽다.

04 이북식 배추김치

이북식 배추김치

배추와 무를 주재료로 하여 낙지와 굴 등의 해물을 갖은 양념하여 소로 채워 넣고, 쇠고기 육수를 넉넉히 부어 숙성·발효시킨 김치로 평양 지방에서 즐겨 먹는 김치이다.

①

②

③

④

재료 및 분량

재료	분량	재료	분량
배추 1통	2.4kg	굵은소금 1½컵	240g
무 1개	1kg	굵은소금 7큰술	91g
		쇠고기(양지)	300g
김칫국물			
물 10컵	2kg	소금 ½작은술	2g
향채			
파	20g	마늘	10g
김치소			
무 ½개	500g	배 ⅓개	200g
미나리	25g	갓	30g
쪽파	30g	밤 2개	30g
굴	50g	낙지	80g
양념			
고춧가루 4큰술	28g	다진 마늘 2큰술	32g
다진 생강 1큰술	12g	설탕 ½작은술	2g
소금 1큰술	12g	새우젓	50g

Tips

- 새우젓 대신 황석어젓을 끓여 넣기도 하며, 새우젓의 양은 기호에 따라 가감한다.
- 낙지와 굴 등의 해물은 기호에 따라 가감한다.

담그기

① 배추는 뿌리 밑동과 겉잎을 다듬고 길이로 포기의 반만 칼집을 넣고, 손으로 쪼개서 15% 정도의 굵은 소금물에 6~8시간 정도 절인 다음 깨끗이 씻어 건져 물기를 뺀다. [사진 ❶]

② 무는 깨끗이 다듬어 씻어서 길이로 반을 자르고, 껍질 쪽에 폭 4cm 정도의 간격으로 비스듬히 칼집을 넣어 소금물에 3시간 정도 절인 다음 깨끗이 씻어 건져 물기를 뺀다.

③ 김칫국물용 쇠고기는 핏물을 닦고, 향채는 다듬어서 깨끗이 씻는다. 냄비에 쇠고기와 물을 붓고, 센불에 올려 끓으면 중불로 낮추어 30분 정도 끓이다가 향채를 넣고, 약불로 낮추어 30분 정도 더 끓인 다음, 식혀서 체에 거르고 소금을 넣어 김칫국물을 만든다.

④ 김치소용 무와 배는 깨끗이 씻어서 껍질을 벗기고 길이 5cm 두께 0.5cm 정도로 채 썬다. 미나리와 갓, 쪽파는 다듬어 씻어서 길이 4cm 정도로 썰고, 밤은 껍질을 벗겨서 길이 3cm 정도로 채 썬다. 굴은 소금물에 씻어 건지고, 낙지는 소금을 넣고 주물러서 물에 씻고 길이 4cm 정도로 썬다.

⑤ 양념용 새우젓은 건더기는 곱게 다지고, 나머지 양념재료를 한데 넣고 섞어서 양념을 만든다.

⑥ 김칫소용 무채에 양념을 넣고 고루 버무린 다음 나머지 재료를 넣고 고루 섞어 김칫소를 만든다. [사진 ❷]

⑦ 배춧잎의 사이사이와 무의 칼집 사이에 김칫소를 채워 넣고, 항아리에 차곡차곡 담는다. [사진 ❸]

⑧ 항아리에 김칫국물을 붓고, 꼭꼭 눌러 놓는다. [사진 ❹]

05 백김치

백김치

배추에 고춧가루를 쓰지 않고 여러 가지 양념과 고명을 넣고 국물을 자작하게 부어 익힌 깨끗하고 시원한 김치이다.

재료 및 분량

배추 2통	5kg	굵은소금 3컵	480g
무 ½개	500g	갓	50g
미나리	50g	실파	50g
배 1개	500g	밤 4개	70g
대추 3개	10g	표고버섯 4장	15g,
석이버섯 5장	5g	파 6뿌리	240g
마늘 4톨	30g	생강	10g
실고추	4g	조기젓(황석어젓)	100g
잣 2큰술	20g	고운소금 1큰술	10g
		조기젓 끓인물 ½컵	
백김치 국물			
물 7컵		소금 2큰술	

Tips

- 소로 들어가는 밤, 대추, 석이버섯, 표고버섯 등은 곱게 채 썰어 넣어야 얌전하다.
- 맵고 짜지 않게 담근 김치는 변질되기 쉬우므로 꺼낸 후에는 우거지를 다시 덮고 꼭꼭 눌러야 한다.

담그기

① 배추는 뿌리 밑동을 다듬고 길이로 포기의 반만 칼집을 넣고 손으로 쪼개서 15% 정도의 굵은 소금물에 6~8시간 정도 절인 다음, 깨끗이 씻어 건져 물기를 빼 놓는다.

② 무는 4cm 길이로 채 썰고 갓, 미나리, 실파는 깨끗이 다듬어 씻어 무와 같은 길이로 썬다. 배와 밤은 껍질을 벗겨 3cm 길이로 채 썰고, 대추도 돌려 깎기 하여 채 썰고 표고버섯과 석이버섯은 손질하여 채 썬다. 파, 마늘, 생강은 채 썰고, 실고추도 2~3cm 정도로 잘라 놓는다. 조기젓은 포 뜨듯이 살을 저며 다져 놓는다. [사진 ❶]

③ 준비한 재료를 그릇에 담고, 버무리면서 고운소금으로 간을 맞추어 소를만든다. [사진 ❷]

④ 절여진 배추 잎의 사이사이에 소를 넣고 배추 겉잎으로 양념이 흘러나오지 않도록 둘러 감아 항아리에 차곡차곡 담는다. [사진 ❸]

⑤ 포를 뜨고 남은 조기젓에 물 1컵을 넣고 ½컵 정도가 되록 끓여 체에 거른 다음 식혀서 소금과 물을 붓고 섞어서 백김치 국물에 만들어 붓는다. 절인 배추 우거지로 김치 위를 꼭꼭 눌러 담는다. [사진 ❹]

06 고추씨김치

고추씨김치

절인 배추에 여러 가지 양념과 고추씨를 육수에 넣고 버무려 만든 김치이다.

재료 및 분량

배추 2통	5kg	굵은소금 3컵	480g
김칫국물 1컵			
북어 대가리 1개		물 3컵	
양파 ½개		다시마 ¼장	
멸치액젓 ½컵	110g		
찹쌀감자풀국 2컵 (물 2컵, 찹쌀가루 4큰술, 감자 1개)			
쪽파	40g	양파 ½개	150g
생강	10g	마늘 2통	100g
설탕 ½큰술	8g	고추씨 2컵	190g

담그기

① 배추는 속대가 노란 것을 골라 뿌리 밑동을 다듬고 길이로 포기의 반만 칼집을 넣어 손으로 쪼개서 15% 정도의 굵은 소금물에 6~8시간 정도 절여 깨끗이 씻어 건져 물기를 빼 놓는다.

② 냄비에 북어 대가리와 양파, 다시마, 물을 넣고 끓여 받쳐서 국물을 만든 다음, 물에 찹쌀가루와 감자를 갈아 넣고 끓여서 찹쌀감자풀국을 만든다. [사진 ❶]

③ 양파는 갈아 놓고 쪽파는 3cm 정도 길이로 썬다. 마늘과 생강은 다진다.

④ 찹쌀감자풀국에 양파, 쪽파, 마늘, 생강, 고추씨, 멸치액젓, 설탕을 넣고 버무려 배춧잎 사이사이에 펴 넣고 양념이 흘러 내리지 않게 배추 겉잎으로 둘러감아 항아리에 담은 다음, 김칫국물을 붓고 절인 배추우거지를 덮어 꼭꼭 눌러 담는다. [사진 ❷❸❹]

Tips

- 백김치보다는 얼큰하고 톡 쏘는 맛이 별미이다.
- 고춧가루가 귀할 때 고추씨를 대신하여 담아 먹던 소박하고 서민적인 김치이다.

07 반지(백지)

반지(백지)

무, 배추 사이사이에 여러가지 고명을 끼워 싸매어 멸치젓에 꿀이나 설탕을 넣고, 국물을 부어 익힌 나주지방의 향토 김치이다.

재료 및 분량

재료	분량	재료	분량
배추 ½포기	1kg	굵은소금 ½컵	80g
무	400g	사과 ½개	
배 ½개		밤 2개	55g
대추 5개	20g	잣	5g
파	80g	마늘 1통	
멸치액젓 ½컵		고운소금 2큰술	20g
설탕 ½큰술	8g	실고추 적당량	
김칫국물			
물 4컵	800g	고운소금 2큰술	20g

담그기

① 배추는 뿌리 밑동을 다듬고 포기에 반만 칼집을 넣어 손으로 쪼개서 15% 정도의 소금물에 6~8시간 절인 다음, 깨끗이 씻어 건져 물기를 빼 놓는다.

② 무는 깨끗이 씻어 가로 2cm, 세로 2.5cm, 두께 0.7cm로 썬다. 사과와 배는 껍질을 벗겨 채 썰고, 밤은 껍질벗긴 다음 납작하게 썬다. [사진 ❶❷]

③ 대추는 돌려 깎기 하여 채 썰고, 잣은 고깔을 떼어 놓는다. 파와 마늘, 생강은 깨끗이 손질하여 채 썬다.

④ 준비해 놓은 재료에 멸치액젓을 넣고 버무리면서 고운소금과 설탕으로 간을 맞추어 김치양념을 만들어 놓는다. [사진 ❸]

⑤ 절여 놓은 배춧잎 사이사이 김치양념을 펴 넣고 양념이 흘러나오지 않게 배추 겉잎으로 둘러감아 항아리에 차곡차곡 담은 다음 김칫국물을 붓는다. [사진 ❹]

Tips

- 반지는 고춧가루를 넣지 않고 국물을 넉넉히 부어 만든 물김치이다.

08 보쌈김치

보쌈김치

절인 배추와 무를 나박 썰고, 해물, 과일, 버섯, 채소 등 여러 가지 고명을 넣고 배춧잎으로 싸서 만든 개성지방의 대표적인 김치이다.

재료 및 분량

배추 2통	5kg	굵은소금 3컵	
무 1개		배 1개	
갓	50g	쪽파	30g
미나리	50g	파	160g
마늘 2통		생강	15g
표고버섯 3장		석이버섯 5장	
밤 10개		대추 5개	
실고추	3g	잣 2큰술	
새우젓 ½컵		조기젓(황석어젓) ¼컵	
생굴 1컵		낙지 1마리	
고춧가루 1½컵		미지근한 물 적당량	
고운소금 4큰술		설탕 3큰술	
김칫국물			
조기다린물 2컵		고운소금 ½작은술	

담그기

① 배추는 다듬어 길이로 포기의 반만 칼집을 넣고 쪼개어 소금물에 절여 씻어 물기를 뺀 다음 줄기부분을 3cm 길이로 썰고, 잎 부분은 보쌈용으로 사용한다. [사진 ❶]

② 무와 배는 2.5cm 크기와 0.3cm 두께로 썬다.

③ 갓, 쪽파, 미나리는 깨끗이 씻어 2~3cm 길이로 썰고 파, 마늘, 생강, 불린 표고, 석이버섯은 손질하여 채 썬다.

④ 밤은 껍질을 벗겨 7개는 0.4cm 정도의 두께로 채 썰고 나머지는 밤 모양 따라 편 썬다. 대추는 돌려 깎아 채 썰고, 실고추는 2cm 길이로 자르고, 잣은 고깔을 뗀다.

⑤ 새우젓은 건더기만 건져 잘게 다지고 조기젓(황석어젓)은 살을 저며 놓고, 머리와 뼈는 물에 끓여 걸러 식힌다. 굴과 낙지는 소금물에 씻어 건지고 낙지는 3cm 크기로 썬다. [사진 ❷]

⑥ 고춧가루는 미지근한 물에 불리고 대추, 잣, 석이버섯, 실고추를 제외한 모든 재료를 제외한 모든재료를 넣고 버무린다. [사진 ❸❹]

⑦ 김치보시기에 썰어 놓은 배춧잎을 풀어지지 않게 3~4장 펴 놓고 버무린 김치재료를 둥글 게 모아서 담고 굴과 밤, 대추, 석이버섯, 잣, 실고추를 더 올려 놓고 풀어지지 않도록 배춧잎을 마주 덮어서 꼭꼭 싼다.[사진 ❺]

⑧ 완성된 김치를 항아리에 차곡차곡 담고 우거지를 덮은 다음 조기젓 달인 국물에 고운소금으로 슴슴하게 간을 맞추어 붓는다.

Tips

- 배추를 절여서 산해진미(山海珍味)의 갖은 재료를 합하여, 배추 잎을 깔고 보자기처럼 싸서 익히므로 보김치라고도 한다.
- 배추 겉잎이 많이 필요하므로 억센 겉잎만 떼어내고 최대한 사용한다.

09 백보쌈김치

백보쌈김치

절인 배추에 여러 가지 채소와 고명이 많이 들어 간 맵지 않은 김치이다.

재료 및 분량

배추 3통	4.5kg	굵은소금 2½컵	400g
무 1개	1kg	밤 10개	250g
배 1개	500g	감 2개	
대추 10개		잣 3큰술	
실파	100g	갓	150g
미나리	50g	마늘 2통	90g
생강	20g	새우젓 1컵	250g
낙지 1마리		표고버섯 1장	1g
석이버섯 3장	3g	고운소금 적당량	
실고추	4g		

담그기

① 배추는 다듬어 길이로 포기의 반만 칼집을 넣어서 손으로 쪼개어 소금물에 절여 깨끗이 씻어 물기를 빼 놓는다.

② 배추잎은 잘라두고, 줄기와 무는 가로·세로 3cm 크기로 썰고, 밤과 배, 감은 껍질을 벗기고 밤은 납작하게 썰고 배와 감은 무와 같은 크기로 썬다. [사진 ❶]

③ 대추는 굵은 채로 썰고, 잣은 고깔을 뗀다. 실파, 갓, 미나리는 깨끗이 손질하여 2~3cm 길이로 썰고, 마늘과 생강은 채 썬다. 표고버섯과 석이버섯은 물에 불려 깨끗이 손질하여 채 썬다. 새우젓은 건지만 건져 곱게 다진다. [사진 ❷]

④ 낙지는 깨끗이 씻고 물기를 빼서 3cm 길이로 자르고, 썰어 놓은 무에 준비한 김치재료를 넣고 고운소금으로 간을 맞춘다. [사진 ❸]

⑤ 김치보시기에 배추겉잎을 3~4장 펴 놓고 버무린 재료를 소복하게 담은 후 준비한 고명을 얹고 펼친 배추잎을 덮어서 꼭꼭 싼다. [사진 ❹❺]

⑥ 완성된 김치를 항아리에 차곡차곡 담고 우거지를 덮은 다음 엷은 소금물을 만들어 붓는다.

Tips

- 배춧잎으로 잘 쌌기 때문에 꺼낼 때 풀어지지 않으며 꺼내 먹기가 편하다.

10 고수배추김치

고수배추김치

배추김치에 고수를 듬뿍 넣고 갖은 양념으로 버무려 담근 김치로, 개성지방의 향토음식이다.

재료 및 분량

재료	분량	재료	분량
배추 2통	4.8kg	굵은소금 3컵	480g
무 ¾개	800g	고수	100g
실파	200g	갓	100g
양념			
고춧가루 1컵	93g	새우젓 ¾컵	150g
설탕 1큰술	12g	파	100g
다진 마늘 5큰술	80g	다진 생강 3큰술	36g
김칫국물			
물 1컵	200g	소금 ¼작은술	3g

Tips

- 배추김치는 4~5℃에서 숙성 발효시키는 것이 맛과 영양이 가장 좋다.
- 황석어젓을 넣기도 한다.
- 고수의 양은 기호에 따라 가감한다.

담그기

① 배추는 뿌리 밑동과 겉잎을 다듬고 길이로 포기의 반만 칼집을 넣어 손으로 쪼갠 다음, 15% 정도의 굵은 소금물에 6~8시간 정도 절이고 깨끗이 씻어 건져 물기를 뺀다. [사진 ❶]

② 무는 씻어서 길이 5cm 정도로 채 썰고 고수와 실파, 갓은 다듬어 씻어서 길이 4cm 정도로 썬다.

③ 양념용 새우젓은 건더기는 곱게 다지고, 파는 다듬어 씻어서 길이 4cm 정도로 채썬다.

④ 무채에 양념을 넣고 고루 버무린 다음 고수와 실파, 갓을 넣고 가볍게 버무려 김칫소를 만든다. [사진 ❷]

⑤ 배춧잎 사이사이에 버무려 놓은 김칫소를 고루 펴 넣고, 양념이 흘러나오지 않도록 배추겉잎으로 돌려 감아 항아리에 차곡차곡 담는다. [사진 ❸]

⑥ 김치를 버무린 그릇에 물과 소금을 넣고 섞어서 김칫국물을 만들고, 항아리에 부은 다음 절인배추 우거지로 김치 위를 꼭꼭 눌러 담은 다음 김칫국물을 붓는다. [사진 ❹]

무김치류

1. 총각김치
2. 비늘김치
3. 비지미
4. 순무김치
5. 섞박지
6. 동치미
7. 섞박동치미
8. 알타리동치미
9. 연꽃동치미
10. 깍두기
11. 굴깍두기
12. 감동젓무

01 총각김치

총각김치

총각무 모양이 옛날 총각들 뒷머리 모양과 같이 생겼다 하여 붙여진 이름으로 절인 총각무와 갓, 실파에 양념을 넣고 버무려 담근 김치이다.

재료 및 분량

재료	분량	재료	분량
총각무	2.6kg	쪽파	100g
갓	100g	굵은소금 1컵	160g
마늘 1통	45g	생강	5g
멸치액젓 ⅔컵	160g	새우젓 2큰술	40g
고춧가루 ¾컵	75g	설탕 2큰술	30g
고운소금 1큰술	10g		
찹쌀풀국 1컵(물 1컵, 찹쌀가루 2큰술)			

담그기

① 총각무는 잔뿌리를 떼고 다듬어서 깨끗이 씻은 다음 굵은소금에 2시간 정도 절이다가 다듬어서 씻은 쪽파와 갓을 넣고 같이 절여 깨끗이 씻어 물기를 뺀다. [사진 ❶]

② 마늘, 생강은 다지고 새우젓은 건지를 건져서 곱게 다진다. 준비한 멸치액젓에 고춧가루와 찹쌀풀을 넣어 불려 김치양념을 만든다. [사진 ❷]

③ 절인 총각무에 김치양념과 재료를 넣고 버무린 후, 설탕과 고운소금으로 간을 맞춘다. [사진 ❸]

④ 버무린 총각무와 쪽파를 길이로 몇 가닥씩 한군데에 모아 묶어서 김치 버무린 그릇에 약간의 물을 붓고 고운소금으로 간을 맞추어 김치 위에 붓고 꼭꼭 눌러 담는다. [사진 ❹]

Tips

- 총각무는 무청이 파랗고 싱싱하며 무 자체가 단단한 것으로, 뿌리 아래가 위보다 넓고 가운데 심이 없는 것이 좋다.
- 총각김치는 김장 담그기 전에 동치미와 함께 담가서 김장김치보다 일찍 먹는다.
- 총각무를 깍둑 썰어 절인 다음 달래와 양념을 넣고 섞어 달래깍두기를 담기도 한다.

02 비늘김치

비늘김치

무에 생선의 비늘처럼 칼집을 넣고 절인 후에, 양념 소를 넣어 숙성시킨 김치이다.

재료 및 분량

무 3개	1.6kg	배춧잎 6장	360g
굵은소금 ½컵	80g	미나리	20g
실파	40g	고춧가루 3큰술	25g
마늘 1통	45g	생강	5g
멸치액젓 2큰술	20g	고운소금 적당량	

담그기

① 무는 작은 것을 골라 잎은 떼어내고, 깨끗이 씻어 길이로 2등분하고, 배춧잎도 깨끗이 씻는다.

② 2등분한 무 가운데서 5개는 껍질 쪽에 비늘 모양으로 어슷어슷하게 칼집을 넣어 배춧잎과 함께 굵은소금에 절인다. [사진 ❶]

③ 나머지 무 1개는 5cm길이로 채를 썰고 미나리, 실파는 다듬어 씻어 3cm 길이로 썰고 마늘과 생강은 다진다. [사진 ❷]

④ 절여진 무는 물기를 빼고, 무채는 고춧가루와 양념을 넣고 준비한 재료를 넣어 버무린 다음, 고운소금으로 간을 맞추고 무비늘 사이사이에 끼워 넣는다. [사진 ❸]

⑤ 절여진 배춧잎으로 비늘김치의 소가 빠지지 않게 감싸서 항아리에 담는다. 김치 버무린 그릇에 약간의 물을 붓고 고운소금으로 간을 맞추어, 김치양념 국물을 만들어 붓고 꼭꼭 눌러 담는다. [사진 ❹]

Tips

- 무는 칼집을 깊이 넣고 충분히 절여야 속을 넣을 때 쉽고, 무채는 곱게 썰어야 한다.
- 비늘김치는 궁중 김치로 오이비늘김치와 함께 담그기도 하는데 시원하고 맛이 있다.
- 동치미무가 나오는 겨울철에는 동치미무를 사용하기도 한다.

03 비지미

비지미

비지미 김치는 무를 어슷어슷 빗겨 썰어서 갖은 양념을 하여 삼각지게 썰어 만든 무김치이다.

재료 및 분량

무 1개	2kg	굵은소금 ½컵	80g
고춧가루 ½컵	40g	마늘	20g
생강	5g	갓	20g
미나리	20g	실파	50g
고운소금 ½큰술			

담그기

① 무는 깨끗이 씻어서 빗겨 썰어 굵은소금에 살짝 절여 물기를 빼 놓는다. [사진 ❶]

② 마늘, 생강은 곱게 다지고 갓, 미나리, 실파는 3cm 길이로 썰어 놓는다. [사진 ❷]

③ 무에 고춧가루를 넣고 버무려 빨갛게 고춧물을 들여 놓는다. [사진 ❸]

④ 고춧물을 들인 무에 준비한 양념을 넣고 고루 버무리면서, 고운 소금으로 간을 하고 항아리에 공기가 통하지 않도록 꼭꼭 눌러 담는다. [사진 ❹]

Tips

- 그릇에 담아낼 때 무 옆에 갓, 미나리, 실파를 곁들이면 한결 먹음직스럽다.

04 순무김치

순무김치

순무는 쌉쌀한 특유의 무맛을 가지며, 은은한 자색이 식욕을 돋우는 강화도 지방의 김치이다.

재료 및 분량

순무	2kg	굵은소금 ½컵	80g
마늘 1⅓통	55g	생강	10g
실파	100g	밴댕이젓 ½컵	70g
고춧가루 ½컵	40g		
찹쌀풀국 ½컵(물 ½컵, 찹쌀가루 1큰술)			
고운소금 적당량			

담그기

① 순무는 깨끗이 다듬어 씻어 무는 도톰하게 썰고, 줄기는 4cm 길이로 썰어서 굵은소금에 절여 깨끗이 씻어 건져 물기를 빼 놓는다. [사진 ❶]

② 마늘, 생강은 곱게 다지고, 실파는 다듬어 씻어 4cm 정도 길이로 썬다. 밴댕이젓은 살만 포를 떠서 곱게 다지고, 머리와 뼈는 물 2컵을 붓고 1컵이 되도록 끓여 체에 거른다. [사진 ❷]

③ 물에 분량의 찹쌀가루를 풀어 저으면서 찹쌀풀국을 쑤어 식힌다. [사진 ❸]

④ 고춧가루에 찹쌀풀국과 밴댕이젓국, 고춧가루를 넣고 불린 후 준비한 재료를 넣어 버무린다. [사진 ❹]

⑤ 순무와 무청에 준비한 재료를 넣고 버무려서 항아리에 꼭꼭 눌러 담고 버무린 그릇에 1½컵 정도의 물을 붓고 양념을 씻어, 고운소금으로 간을 맞추어 항아리에 붓는다.

Tips

- 순무는 우리나라에서 강화도, 김포, 인천 등지에서 재배되며 11월부터 많이 생산되고 있다.
- 순무 뿌리의 크기나 모양은 품종에 따라 다르다. 빛깔은 대부분 흰색이지만 겉에만 자줏빛을 띤 붉은색 순무, 속까지 자줏빛을 띤 붉은색 순무도 있다.
- 맛은 감미롭고 고소하며 겨자향의 인삼맛(배추꼬리맛)이 난다.
- 순무는 수분이 적어 퍽퍽하기 때문에 김칫국물을 넉넉히 넣어야 좋다.

05 섞박지

섞박지

절인 배추와 무를 넓적하게 썰고, 갖은 양념과 젓국으로 버무려 만든 김치이다.

재료 및 분량

배추	800g	굵은소금 ⅔컵	100g
무	400g	미나리	100g
실파	300g	마늘 ½통	25g
생강	15g	조기젓	50g
고춧가루 3큰술	25g	실고추	5g
고운소금 적당량			

담그기

① 배추는 손질하여 깨끗이 씻어 5cm 길이로 자르고, 무는 가로 3cm, 세로 4cm, 두께 0.5cm 정도로 도톰하게 썬 다음 배추를 먼저 굵은소금에 절이다가 무를 넣고 같이 절여 물기를 빼 놓는다. [사진 ❶]

② 미나리와 실파는 3cm 정도 길이로 자르고 마늘, 생강은 곱게 다진다. [사진 ❷]

③ 조기젓은 건지를 건져 포를 떠서 곱게 다진다. 나머지 뼈와 머리는 물 2컵을 붓고 1컵 정도가 되도록 끓여 체에 거른다. 실고추는 3cm 길이로 자른다.

④ 배추와 무에 고춧가루, 다진마늘, 생강을 넣어 버무리다가 준비한 재료를 넣고 실고추와 소금을 넣어 함께 버무리면서 간을 맞춘다. [사진 ❸❹]

⑤ 항아리에 차곡차곡 담고 김치 버무린 그릇에 약간의 물을 부어 고운소금을 조금 넣고, 김치양념 국물을 만들어 부은 다음, 절인 배추 우거지를 덮어 꼭꼭 눌러 익힌다.

Tips

- 배추와 무가 함께 어우러져 잘 익으면 국물이 넉넉히 생겨 시원한 맛을 낸다.
- 조기젓 대신 황석어젓을 넣기도 한다.

06 동치미

동치미

중간 크기의 재래종 무를 통째로 소금에 절이고 소금물을 끓여 식혀 부어 담근 물김치이다.

재료 및 분량

무 5개	2.5kg	굵은소금 1½컵	240g
배 1개	500g	석류 ½개	70g
쪽파	300g	청갓	300g
절인 무청 5줄		청각	30g
마늘 2½통	100g	생강	50g
삭힌 고추 6개		홍고추 3개	
동치미 국물			
물 25컵	5kg	고운소금 1컵	140g

담그기

① 중간 크기의 무를 골라 무청과 잔뿌리를 떼고, 깨끗이 씻어서 굵은소금에 굴려서 2일 정도 두었다가 항아리에 넣는다. [사진 ❶❷]

② 무를 절였던 소금물에 분량의 고운소금과 물을 더 넣어 간을 맞춘 다음 끓여서 식힌다.

③ 배와 석류는 깨끗이 씻어 반으로 자르고 절여 놓은 쪽파와 갓, 청각은 손질하여 2~3개씩 말아 묶는다. 마늘과 생강은 편으로 썰어서 얇은 면주머니 넣고 입구를 꼭 묶는다. 삭힌 풋고추와 홍고추도 통째로 준비한다. [사진 ❸]

④ 항아리에 무와 부재료를 켜켜로 넣고 맨 위에 갓으로 덮은 다음 무가 떠오르지 않게 눌러 놓는다. 미리 준비한 소금물을 항아리에 8부 정도 붓고 꼭 봉해 놓는다. [사진 ❹]

Tips

- 동치미용 무는 싱싱한 것으로 윗부분이 너무 파랗지 않은 중간 크기의 재래종이 좋다.
- 동치미 국물을 맑게 하려면 무를 칼로 깎거나 긁지 않고 잔뿌리만 떼어 내고 입동(立冬) 전후에 담그는 것이 좋다.
- 청각은 김치의 탄산미를 내어 시원하게 하고 톡쏘는 맛을 내며 향기가 좋다. 주로 동치미와 백김치에 넣는데 마른것과 생 것이 있다. 마른 것은 푸른빛이 많은 것으로 돌이나 티 없이 깨끗이 말려진 것, 생것은 검은 녹색을 띠고 가지가 통통하며 탄력성이 있고 윤기가 나는 것이 좋다.
- 석류를 넣으면 붉은색이 돌아 빛깔이 곱다.

07 섞박동치미

섞박동치미

섞박 동치미는 배추와 무를 섞어 만든 김치로, 배추와 무의 국물이 우러나와 시원하다.

①

②

③

④

재료 및 분량

배추 3포기	6kg	굵은소금 3컵	480g
무 3개	3kg	멸치액젓 ½컵	110g
홍고추 6개		쪽파	200g
마늘 ⅔통	35g	생강	15g
실고추	10g		
찹쌀풀국 1컵(물 1컵, 찹쌀가루 2큰술)			
동치미 국물			
물 5컵	1kg	고운소금 1컵	140g

담그기

① 배추는 밑동과 겉잎을 다듬고 길이로 포기의 반만 칼집을 넣어 손으로 쪼개어 15%정도의 굵은 소금물에 절인 후 깨끗이 씻어 물기를 빼 놓는다. [사진 ❶]

② 무는 깨끗이 다듬어 씻어 길이로 2등분 하고 소금에 절여 물기를 빼 놓는다.

③ 물에 찹쌀가루를 풀어 찹쌀풀국을 쑤어 식히고, 홍고추는 씻어 꼭지를 떼고, 쪽파는 다듬어 씻어서 5cm 길이로 썬다. [사진 ❷]

④ 마늘과 생강은 3cm 길이로 자른다. 찹쌀풀국에 멸치액젓과 쪽파, 마늘, 생강, 실고추를 넣고 고루 버무리고 고운소금으로 간을 하여 김치양념을 만든다.

⑤ 배춧잎 사이사이에 준비한 김치양념을 고루 펴 넣고, 무, 홍고추와 함께 배춧잎으로 둥글게 감싼다. [사진 ❸❹]

⑥ 항아리에 꼭꼭 눌러 담고 동치미 국물을 자작하게 붓고 배추 겉잎으로 위를 덮어 돌로 눌러 담는다.

Tips

• 항아리에서 김치를 꺼내고는 항상 돌로 눌러 놓고 먹어야 맛이 변하지 않는다.

08 알타리동치미

알타리동치미

고춧가루를 전혀 넣지 않고, 슴슴한 소금물에 담가 숙성시킨 물김치로 충청도의 대표적인 김치이다.

재료 및 분량

알타리 1단	2kg	굵은소금 ⅔컵	120g
실파	100g	갓	100g
배 ½개		홍고추 3개	45g
삭힌 고추	50g	생강	25g
마늘 1⅓통	55g		
동치미 국물			
물 15컵	3kg	설탕 2큰술	30g
고운소금 ½컵	70g		

담그기

① 알타리무는 무청이 파랗고 연하면서 작고 단단한 것을 골라, 잔뿌리와 억센 무청 겉잎은 떼어 내고 씻어 건져 물기를 빼 놓는다.

② 손질한 알타리무는 굵은소금을 뿌려 ⅔정도 절여지면 실파와 갓을 함께 넣고 절인 다음, 깨끗이 씻어 건져 물기를 빼 놓는다. [사진 ❶]

③ 홍고추는 씻고 마늘과 생강은 납작하게 편으로 썰어, 면주머니에 넣고 입구를 꼭 묶는다. [사진 ❷]

④ 절인 알타리무와 실파, 갓을 2~3뿌리씩 모아 묶어서 타래를 만든 다음, 항아리에 차곡차곡 담고 중간쯤에 배와 홍고추, 삭힌 고추, 마늘과 생강을 담은 면주머니를 넣고 남은 알타리무타래를 넣어 무거운 것으로 눌러놓는다. [사진 ❸]

⑤ 물에 설탕과 고운소금을 넣고 섞어서 동치미 국물을 만들고 항아리에 붓는다. [사진 ❹]

Tips

- 동치미 국물로 쓰일 소금물은 하루 전에 짭짤하게 타서 체에 밭쳐 거른 후에, 깨끗하게 준비해 두었다가 맑은 윗물만을 사용하며 간이 약간 짭짤해야 익어서 먹을 때 간이 알맞다.

09 연꽃동치미

연꽃동치미

무를 얇게 저며 여러 가지 채소를 소로 넣고 만든 물김치이다.

재료 및 분량

재료	분량	재료	분량
무 ½개	750g	굵은소금 2큰술	
미나리 ½단	160g	오이 ½개	80g
배 ¼쪽	120g	홍고추 3개	45g
마늘 ¼통	10g	잣 1큰술	10g
동치미 국물			
물 5컵	1kg	생강즙 ½큰술	
고운소금 3큰술	30g		

담그기

① 무는 물이 많고 몸매가 가는 것을 선택하여 깨끗이 씻은 다음, 껍질을 벗기고 지름이 6cm 정도가 되도록 둥글고 얇게 저민 다음 미나리와 함께 굵은 소금물에 절여 놓는다. [사진 ❶]

② 오이는 가늘고 곧은 것을 소금에 비벼 씻고 5cm 길이로 어슷 썰어서 곱게 채 썰고, 배도 껍질을 벗겨 곱게 채 썬다.

③ 홍고추는 길이로 반을 잘라 씨를 떼어 내고 5cm 길이로 가늘게 채 썰고 마늘도 곱게 채 썬다. [사진 ❷]

④ 도마 위에 절여 놓은 무를 놓고 그 위에 오이, 배, 홍고추 채 썬 것들을 가지런히 얹은 다음 돌돌 말아서 절인 미나리로 묶는다. [사진 ❸❹]

⑤ 항아리에 차곡차곡 담은 다음 분량의 물에 생강즙을 넣고, 고운 소금으로 슴슴하게 간을 맞춘 동치미 국물을 붓는다.

Tips

- 무를 얇게 썰어야 겉 표면으로 소가 은은하게 비치며, 화려하고 깨끗한 물김치이다.

10 깍두기

깍두기

무를 정방향으로 모나게 썰어 양념을 넣고 버무려 만든 무김치이다.

①

②

③

④

재료 및 분량

무 1개	1.5kg	굵은소금 2큰술	30g
쪽파	100g	미나리	100g
마늘 ½통	25g	생강	5g
새우젓 2큰술	40g	고춧가루 ½컵	40g
설탕 1큰술	15g	고운소금 1큰술	10g

담그기

① 무는 잔뿌리를 떼고 깨끗이 씻어 사방 2.5cm 정도의 정방형으로 썰어 굵은소금을 넣고 1시간 정도 절여 체에 받쳐 10분 정도 물기를 뺀다. [사진 ❶]

② 쪽파와 미나리는 3cm 길이로 썬다. 마늘과 생강은 곱게 다지고, 새우젓은 건지를 건져 곱게 다진다. [사진 ❷]

③ 썰어 놓은 무에 먼저 고춧가루를 넣고 잘 버무려 빨갛게 고춧물을 들인 다음 쪽파, 미나리, 다진 마늘, 생강, 새우젓, 설탕을 넣고 버무리면서 고운소금으로 간을 맞춘다. [사진 ❸❹]

④ 항아리에 담아 공기가 통하지 않도록 꼭꼭 눌러 놓는다.

숙(熟)깍두기

깍둑썰기한 무를 살짝 삶아 담근 김치로 노이나 어린이들이 먹기에 알맞다.

Tips

- 가을 무는 무 자체에 단맛이 있으므로 버무릴 때 설탕을 조금만 넣고, 봄 무로 담글 때는 설탕을 먼저 넣고 버무려 단맛이 나도록 한다.
- 금방 먹을 깍두기에 굴을 넣고 담그면 국물이 시원하고 맛있다.
- 총각무를 깍둑 썰어 절인 다음 달래를 넣어 달래깍두기를 담기도 한다.

11 굴깍두기

굴깍두기

싱싱한 무에 굴과 여러 가지 양념이 들어가 맛이 시원한 김치이다.

재료 및 분량

무 2개	3kg	실파	100g
미나리	50g	새우젓 3큰술	65g
생굴 2컵	400g	고춧가루 1컵	80g
마늘 1통	50g	생강	25g
설탕 3큰술	45g	고운소금 3큰술	30g

담그기

① 무는 사방 2.5cm 정도의 정방형으로 썰고, 실파와 미나리도 3cm 길이로 썰어 놓는다. [사진 ❶]

② 새우젓은 건지를 건져 곱게 다진다. [사진 ❷]

③ 굴은 옅은 소금물에 씻어 건져 물기를 빼 놓는다. 마늘과 생강을 곱게 다진다.

④ 썰어 놓은 무에 먼저 고춧가루를 넣고 잘 버무려 빨갛게 고춧물을 들인 후 다진 마늘, 생강, 새우젓, 미나리, 실파, 설탕, 굴을 넣고 버무리면서 고운소금으로 간을 맞춘다. [사진 ❸]

⑤ 항아리에 담아 공기가 통하지 않도록 꼭꼭 눌러 담는다. [사진 ❹]

창란젓깍두기

창란젓을 넣고 담근 맛깔스러운 깍두기이다.

Tips

- 굴깍두기는 빨리 시어지기 때문에 오래 두고 먹을 수 없으며 잠시 먹는 김치이다.
- 새우젓 대신 창란젓을 넣고 창란젓 깍두기를 담기도 한다.
- 가을에 담그는 깍두기는 소금에 절이지 않고 담는다.

12 감동젓무

감동젓무

감동젓(곤쟁이젓)을 넣어서 만든 고급 깍두기로서 서울지방의 대표적인 고급 김치이다.

재료 및 분량

재료	분량	재료	분량
배추 1통	1.6kg	굵은소금 ½컵	80g
무 1개	1.8kg	굵은소금 2큰술	30g
배 2개	1kg	밤 10개	250g
잣 2큰술	20g	미나리	100g
실파	100g	마늘 1통	50g
생강	10g	생굴 ½컵	100g
낙지 1마리	200g	전복 1마리	100g
북어 1마리	80g	감동젓(곤쟁이젓)	100g
고춧가루 1컵	80g	설탕 2큰술	30g
고운소금 3큰술	30g	실고추	2g

Tips

- 감동젓은 곤쟁이젓의 별칭으로 아주 작은 새우로 담근 젓갈이다.
- 곤쟁이젓은 너무 묽지 않는 것으로 고르고, 분홍빛이 약간 있고 연한 벽돌 색이 싱싱하고 맛있는 젓갈이다.

담그기

① 배추는 중간 정도의 크기로 잎이 얇은 것을 골라 뿌리 쪽에 길이로 반만 칼집을 넣고 손으로 쪼개서, 15% 정도의 굵은 소금물에 절였다가 건져 물기를 뺀 다음 3cm 길이로 썰어 놓는다. 무와 배는 껍질을 벗겨 가로 2.5cm, 세로 3cm, 두께 0.5cm로 썰어 무는 소금에 배는 설탕물에 잠시 재워둔 다음 물기를 뺀다. [사진 ❶]

② 밤은 껍질을 벗겨 나박 썰고, 잣은 고깔을 떼어 놓는다. 미나리와 실파는 다듬어 씻어서 3cm 길이로 썰고 마늘, 생강은 곱게 다진다.

③ 생굴은 옅은 소금물에 씻어 건지고 낙지와 전복은 소금으로 문질러 씻는다. 낙지는 3cm 길이로 썰고 전복은 같은 길이로 얇게 저며 썬다. 북어는 물에 불려서 껍질을 벗기고 길이로 2등분하여 2cm 길이로 썬다. [사진 ❷]

④ 감동젓에 고춧가루를 넣어 불려 놓고 준비한 재료를 넣고 고루 버무리면서 생굴, 실고추, 밤, 잣을 넣고 살살 버무리고 고운소금으로 간을 맞춘 다음 항아리에 꼭꼭 눌러 담는다. [사진 ❸❹]

⑤ 김치 버무린 그릇에 물을 붓고 고운소금을 넣어 김칫국물을 만들어 붓고 절인 배추우거지를 덮는다.

물김치류

1. 나박김치
2. 열무물김치
3. 수삼나박김치
4. 귤물김치
5. 갓물김치
6. 장김치
7. 열무감자물김치
8. 더덕알타리물김치
9. 전복물김치
10. 과일물김치

01 나박김치

나박김치

무와 여러 가지 채소를 나박 썰어 양념을 넣고 물을 부어 만든 물김치이다.

재료 및 분량

재료	분량	재료	분량
배추 ¼포기	500g	무 ¼개	400g
굵은소금 3큰술	45g	파	160g
마늘 ½통	25g	생강	15g
홍고추 2개	30g	미나리	50g
고운 고춧가루 5큰술			30g
잣 1작은술	3g		
김칫국물			
물 15컵	3kg	고운소금 ½컵	70g
설탕 1큰술			

담그기

① 배추와 무는 깨끗이 씻어 가로 2.5 cm, 세로 3cm로 나박 썰어 배추에 굵은소금을 넣고 절이다가 무를 같이 살짝 절인 후 절인 소금물을 받아 둔다. [사진 ❶❷]

② 파, 마늘, 생강은 3cm 길이로 채 썰고, 홍고추는 길이로 갈라 씨를 빼고 3cm 길이로 채 썬다. 미나리는 줄기 부분을 깨끗이 다듬어 3cm 길이로 썬다.

③ 절인 배추와 무를 건져 채 썬 파, 마늘, 생강, 홍고추를 넣고 버무려 항아리에 꼭꼭 눌러 담는다. [사진 ❸]

④ 무와 배추를 절인 소금물에 물과 고운소금, 설탕을 더 넣고, 고운 고춧가루를 마른 헝겊에 싸서 국물에 흔들어 김칫국물을 만들어 붓는다. [사진 ❹❺]

⑤ 김치가 익으면 미나리를 넣고 그릇에 담고 잣을 띄워 낸다.

Tips

- 나박김치를 담글 때는 김칫거리를 소금에 절인 후 양념에 버무리고, 소금물을 부어야 주재료가 물러지지 않고 아삭아삭하다.
- 색을 곱게 하기 위하여 당근을 넣는데, 당근은 ascorbinase라는 효소가 있어 무의 비타민 C가 파괴되므로 10% 이하로 넣거나, 당근 대신 홍고추를 넣는 것이 좋다.
- 배추는 무보다 수분이 적어 늦게 절여지므로 먼저 절이다가 무를 함께 넣고 절여야 잘 절여진다.

02 열무물김치

열무물김치

옅게 풀국을 쑤어 발효시킨 김치로, 국수를 말아 먹기도 하고 보리밥에 고추장을 함께 넣어서 비벼 먹기도 하는 여름철 김치이다.

①

②

③

④

재료 및 분량

재료	분량	재료	분량
열무(연한 것)	400g	풋배추	200g
굵은소금 2큰술	30g	홍고추 3개	45g
풋고추 1개	15g	실파	25g
마늘 ½통	25g	생강	5g
고운소금 ½큰술	5g		
밀가루풀국 3컵(물 3컵, 밀가루 3큰술)			
고운소금 1큰술	10g		

담그기

① 열무와 풋배추는 깨끗이 다듬어 씻은 다음 4~5cm 길이로 썰어 굵은소금을 뿌려 살짝 절인다. [사진 ❶]

② 홍고추 1개와 풋고추는 어슷썰기하고, 실파는 다듬어 3~4cm 길이로 썰어 놓는다. 분량의 물에 밀가루를 넣어 밀가루풀국을 끓여 식혀 놓는다.

③ 분마기에 작게 썬 홍고추 2개와 마늘, 생강을 함께 넣고 갈아서 김치양념을 만든다. [사진 ❷]

④ 절인 열무와 풋배추를 물에 헹구어 건져 물기를 뺀 다음 김치양념과 홍고추, 풋고추, 실파를 넣고 함께 버무리고 고운소금으로 간을 맞추어 항아리에 꼭꼭 눌러 담는다. [사진 ❸]

⑤ 고추를 갈았던 분마기에 밀가루풀국을 붓고, 고운소금으로 간을 하여 항아리에 붓는다. [사진 ❹]

Tips

- 밀가루풀국이나 찹쌀풀국은 전분이 당화되어 김치의 발효를 촉진시키며 젖산균을 생성하고, 열무의 풋냄새도 나지 않게 하여 맛을 좋게 한다.
- 잎이 여리므로 살살 씻어야 풋내가 나지 않고, 너무 오래 절이면 질겨지므로 살짝 절인다.

03 수삼나박김치

수삼나박김치

수삼의 쌉쌀한 맛과 배의 시원함이 어우러진 별미 물김치이다.

①

②

③

④

재료 및 분량

재료	분량	재료	분량
수삼	1kg	배추	1kg
무	1kg	굵은소금 2½큰술	40g
배 1개		밤 5개	100g
실파	30g	마늘 ⅓통	
생강	10g		
김칫국물			
물 15컵	3kg	고운소금 4½큰술	45g

담그기

① 수삼을 깨끗이 씻어 손질하여 길이 3cm, 두께 0.5cm 크기로 썰어 놓는다. [사진 ❶]

② 배추와 무는 가로·세로 2.5cm, 두께 0.5cm 정도로 썰고 수삼과 배추를 굵은소금에 살짝 절이다가 썰어 놓은 무를 넣고 살짝 절여 놓는다. [사진 ❷❸]

③ 배는 껍질 벗겨 무와 같은 크기로 썰고 밤도 껍질 벗긴 다음, 납작하게 썬다. 실파는 3cm 길이로 썰고 마늘과 생강은 껍질을 벗겨 채 썬 다음, 준비한 모든 재료를 같이 버무려 항아리에 담는다.

④ 수삼과 배추, 무를 절였던 물에 물을 더 넣고 고운소금으로 간을 맞추어 김칫국물을 만들고 항아리에 붓는다. [사진 ❹]

Tips

- 물김치 국물에 설탕을 넣지 않아야 제맛이 나며 국물이 맑고 깨끗하다.
- 밭에서 캐낸 수삼을 씻어 일정한 온도에서 쪄서 말린 것을 '홍삼'이라고 하며 수삼을 그대로 말린 것을 '건삼'이라고 한다.
- 수삼나박김치는 담아서 바로 먹을 수 있는 김치이다.

04 귤물김치

귤물김치

귤의 속을 알알이 떼어 배추와 무를 함께 넣어 만든 물김치이다.

재료 및 분량

재료	분량	재료	분량
귤 10개	1kg	배추 5잎	300g
무	300g	굵은소금 2큰술	30g
설탕 1큰술	15g	미나리	50g
홍고추 2개		마늘 ½통	25g
생강 (생강즙 1큰술)	15g	고운 고춧가루 1큰술	6g
물 10컵	2kg	고운소금 2큰술	30g
설탕 적당량			

담그기

① 귤은 깨끗이 씻어 겉껍질을 벗기고 속껍질을 벗겨서 알알이 떼어 놓는다. [사진 ❶]

② 배추와 무는 깨끗이 씻어 가로 3cm, 세로 2.5cm 정도로 나박썰기를 하여 배추를 먼저 소금과 설탕에 절이다가 무를 넣고 조금 더 절여 물기를 빼 놓는다. [사진 ❷]

③ 미나리는 3cm 길이로 썰고 홍고추는 3cm 길이로 채 썬다. 마늘은 채 썰고 생강은 즙을 내어 놓는다. [사진 ❸]

④ 그릇 위에 준비해 놓은 재료를 모두 섞어 버무려 항아리에 담는다. [사진 ❹]

⑤ 배추와 무 절인 국물에 물을 더 넣고 미나리를 넣고, 고운고춧가루와 고운소금, 설탕으로 간을 맞추어 항아리에 붓고 익힌다.

Tips

- 귤물김치는 귤의 향기가 향긋한 별미 물김치이다.
- 귤에 함유되어 있는 비타민 C는 겨울 품종에 양이 많으며 신진대사를 원활히 하여 체온이 내려가는 것을 막아준다.

05 갓물김치

갓물김치

붉고 보랏빛이 도는 갓에서 자주빛을 띠는 국물이 우러나와 맛과 향이 진한 물김치이다.

재료 및 분량

갓 1단	500g	총각무 1단	2kg
배추속대	100g	굵은소금 4큰술	60g
쪽파 50g		배 1개	500g
감 1개	150g	대추 5개	20g
양파 1개	250g	마늘 2통	90g
생강	40g	삭힌 고추	100g
고운고춧가루 ½컵			40g
밀가루풀국 ½컵(물 1컵, 밀가루 1큰술)			
김칫국물			
물 10컵	2kg	고운소금 3큰술	45g
설탕 1큰술			

담그기

① 갓은 손질하여 깨끗이 씻어 놓는다. 총각무는 잔털을 떼어 내고 깨끗이 손질하여 굵은소금에 절이다가 배추속대와 쪽파도 같이 절여 씻은 다음 물기를 빼 놓는다.

② 배와 감은 먹기 좋은 크기로 큼직큼직하게 썰어 놓는다. [사진 ❶]

③ 물에 분량의 밀가루를 넣고 끓여서 밀가루풀국을 준비한다. 총각무 1개와 양파, 마늘, 생강은 믹서기에 넣고 곱게 갈아서 고운 고춧가루와 함께 면주머니에 넣고 입구를 묶는다. [사진 ❷]

④ 밀가루풀국에 김칫국물용 물을 붓고 면주머니를 흔들어 짜서 붉은 고춧물을 만들고, 고운소금과 설탕으로 간을 맞추어 김칫국물을 만든다.

⑤ 삭힌 고추와 양념 넣은 면주머니는 단지 밑에 깔고 무, 배, 감, 대추, 배추속대, 쪽파를 넣고 갓으로 덮은 다음, 김칫국물을 부어 납작한 돌로 꼭꼭 눌러 놓는다. [사진 ❸❹]

Tips

- 물김치는 김치건지가 떠오르지 않도록 무거운 것으로 잘 눌러 익혀야 좋다.

06 장김치

장김치

주재료를 간장으로 절이고 배, 밤, 표고버섯, 석이버섯, 잣 등을 넣고 만든 간장 물김치이다.

재료 및 분량

배추속대 ¼포기	500g	무 ½개	700g
진간장 ½컵	100g	파	240g
마늘 1통	45g	생강	20g
밤 8개	200g	배 1개	500g
미나리	100g	갓	50g
표고버섯 4개	20g	석이버섯 5장	5g
잣 1큰술	10g	실고추 적당량	
물 2컵	400g	설탕 2큰술	30g

담그기

① 배추와 무는 깨끗이 씻어 가로 2.5cm, 세로 3cm, 두께 0.5cm 크기로 나박 썰고, 배추에 진간장을 부어 절이다가 무를 넣어 1~2시간 정도 함께 절인다. [사진 ❶❷]

② 파는 흰 부분을 채 썰고 마늘과 생강도 곱게 채 썬다. 밤과 배는 납작하게 썰고 미나리 줄기와 갓은 3cm 길이로 썬다.

③ 표고버섯과 석이버섯은 손질하여 채 썰고 실고추는 2~3cm로 짧게 잘라 놓는다.

④ 절여진 배추와 무에서 진간장 물을 따라 내고 위에 준비한 고명과 잣을 넣어 버무린 후 항아리에 꼭꼭 눌러 담는다. [사진 ❸]

⑤ 따라 놓은 진간장에 물을 더 보충하여 설탕과 간장으로 간을 맞추어 항아리에 붓는다. [사진 ❹]

Tips

- 주재료를 간장에 절일 때 배추는 무보다 수분이 적어 늦게 절여지므로 배추를 먼저 절이다가 무를 넣어 함께 절인다.
- 장김치는 밥상에는 올리지 않으며 떡을 주로 한 주안상이나 떡국 상에 올린다.
- 미나리와 잣은 먹기 전에 넣기도 한다.

07 열무감자물김치

열무감자물김치

연하고 부드러운 열무에 구수한 오이, 쪽파, 감자풀국이 들어간 물김치이다.

재료 및 분량

열무 2단	2kg	굵은소금 ½컵	80g
오이 1개	150g	홍고추 10개	200g
풋고추 5개	65g	쪽파	100g
마늘 1통	60g	생강	30g
고운소금 적당량			
감자 밀가루풀국 2컵 (물 2컵, 밀가루 2큰술, 감자(中) 1개)			
김칫국물			
물 10컵	2kg	고운소금 3큰술	30g
설탕 적당량			

담그기

① 열무는 다듬어서 5cm 길이로 자른 다음 풋내가 나지 않도록 살살 씻어 굵은소금에 절인 다음 건져 물기를 빼놓는다.

② 오이는 굵은소금에 문질러 깨끗이 씻어 4cm 길이로 자르고 다시 반으로 잘라 납작하게 썬다. [사진 ❶]

③ 홍고추 7개는 곱게 갈고 나머지 3개는 풋고추와 함께 어슷 썬다. 쪽파는 4cm 길이로 썰고 마늘과 생강은 깨끗이 다듬어 채 썰고, 감자는 믹서에 갈아 놓는다.

④ 분량의 물에 밀가루를 풀어 넣고 갈아 놓은 감자도 같이 넣어 감자 밀가루풀국을 끓여 식힌다. [사진 ❷]

⑤ 절인 열무에 오이, 홍고추, 풋고추, 쪽파, 마늘, 생강과 곱게 갈아 놓은 홍고추를 넣고 버무리면서 준비한 김칫국물에 고운소금과 설탕으로 간을 맞추어 붓는다. [사진 ❸❹]

Tips

- 열무와 햇감자가 많이 나는 여름에 담가 먹는 물김치이다.
- 열무는 풋내가 나지 않도록 살살 씻는다.
- 양파를 썰어 넣기도 한다..

08 더덕알타리물김치

더덕알타리물김치

더덕을 자근자근 두들겨서 알타리무, 쪽파, 갓과 함께 담근 물김치이다.

①

②

③

④

재료 및 분량

알타리무	550g	굵은소금 2큰술	
갓	25g	쪽파	50g
더덕	100g	풋고추 3개	30g
홍고추 2개	30g	마늘 1통	45g
생강	20g		
밀가루풀국	1컵(물 1컵, 밀가루 1큰술)		
김칫국물			
물 10컵	2kg	고운소금	3큰술
설탕 3큰술			

담그기

① 알타리무는 작은 것으로 골라 잔뿌리를 떼어내고 다듬어 씻는다. 굵은 소금물에 절이다가 갓과 쪽파도 함께 넣고 절여서 깨끗이 씻은 다음 건져 물기를 빼 놓는다.

② 더덕은 껍질을 벗기고 살짝 두드려 물에 담갔다가 쓴맛을 빼고 두 쪽 또는 네 쪽으로 저민다. [사진 ❶]

③ 풋고추와 홍고추는 깨끗이 씻어 길이로 반을 잘라 씨를 떼어내고 길이 5cm, 폭 0.5cm 정도로 채 썬다. [사진 ❷]

④ 마늘과 생강은 껍질을 벗겨 다져서 면주머니에 넣어 양념주머니를 만들고, 밀가루를 풀어 묽게 풀을 쑤어 차게 식힌 다음, 분량의 물과 고운소금, 설탕을 넣어 김칫국물을 만든다.

⑤ 항아리 밑에 양념주머니를 놓고 알타리무와 갓, 쪽파, 더덕, 풋고추와 홍고추를 하나씩 겹쳐 묶어서 양념주머니 위에 차곡차곡 넣는다. 남은 갓으로 우거지를 덮고 납작한 돌로 꼭꼭 누른 다음 김칫국물을 붓는다. [사진 ❸❹]

Tips

- 더덕물김치는 섬유질이 풍부한 물김치이다.
- 더덕은 두들겨 물에 잠깐 담가 아린맛을 뺀 후 이용한다. 더덕은 건위제일 뿐 아니라 폐, 비장, 신장을 튼튼하게 해준다.

09 전복물김치

전복물김치

전복을 주머니 모양으로 만들어 배와 유자, 여러 가지 채소를 넣고 만든 김치이다.

재료 및 분량

전복 10개		무	100g
배 ¼개		파	40g
생강	5g	유자 ½개	
김칫국물			
물 5컵	1kg	설탕 · 고운소금	적당량
식초	적당량		

담그기

① 전복은 솔로 문질러 깨끗이 닦은 다음 길이로 칼집을 넣어 주머니처럼 만들어 놓는다. [사진 ❶]

② 유자는 속껍질은 저며 내고 겉껍질은 곱게 채 썬다. 무와 배는 껍질을 벗겨 가늘게 채 썰고 파와 생강도 채 썰어 놓는다. [사진 ❷❸]

③ 전복을 손에 놓고 가장자리를 오므려서 주머니처럼 오목하게 만들고 무, 배, 유자, 파, 생강 채 친것을 넣고 차곡차곡 항아리에 담는다. [사진 ❹]

④ 항아리에 김칫국물을 만들어 간을 맞추어 붓는다.

Tips

- 전복은 산란기가 11월경이며 산란기를 앞두고 영양상태가 양호한 가을이 제철로 맛이 좋은 시기이다.
- 전복에는 글루타민산, 글리신 등의 성분이 있어 감칠맛과 달콤한 맛이 나며 지방질이 다른 생선보다 아주 적고 단백질이 많기 때문에 건강식이다.
- 전복의 내장은 영양성분이 풍부하고 독특한 풍미로 인해 젓갈을 담가 먹기도 한다.
- 전복물김치는 1815년 빙허각 이씨가 지은 '규합총서'에 나오는 김치이다.

10 과일물김치

과일물김치

배, 복숭아, 참외, 사과 등 맛과 향이 좋은 과일을 이용하여 담근 국물김치로 아이들이 좋아하는 김치이다.

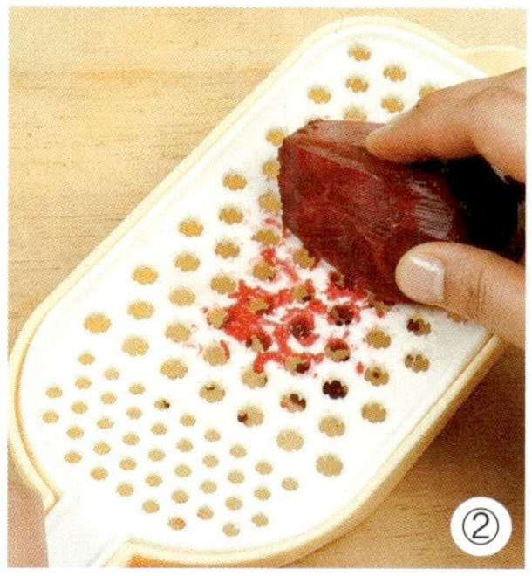

재료 및 분량

재료	분량	재료	분량
배	50g	복숭아	50g
참외	50g	사과	50g
미나리	20g	마늘	5g
생강	5g		
김칫국물			
비트	20g	물 2½컵	500g
소금 2작은술	8g	설탕 1작은술	4g

담그기

① 배와 복숭아, 참외, 사과는 씻어서 껍질을 벗기고 각각 가로·세로 2cm 크기로 썬다. [사진 ❶]

② 미나리는 잎을 떼어 내고 줄기는 길이 2cm 정도로 썬다. 마늘과 생강은 다듬어서 씻고 채 썬다.

③ 비트는 강판에 갈아서 면보에 넣고 꼭 짜서 물, 소금, 설탕을 넣고 고루 섞어서 김칫국물을 만든다. [사진 ❷❸]

④ 김칫국물에 배, 복숭아, 참외, 사과, 미나리, 마늘채, 생강채를 넣고 고루 섞어 과일물김치를 담근다. [사진 ❹]

Tips

- 여름철 다양한 과일을 이용하여 담글 수 있다.
- 비트 대신 백년초를 사용하기도 한다.
- 냉장고의 과일이 시들었거나 단맛이 덜한 과일을 이용하여 김치를 담그면 좋다.

채소김치류

1. 열무김치
2. 갓김치(갓짠지)
3. 깻잎김치
4. 고들빼기김치
5. 우엉김치
6. 호박지
7. 가지김치
8. 돌미나리김치
9. 쑥갓김치
10. 청경채김치
11. 상추불뚝김치
12. 파김치
13. 부추김치
14. 돌나물김치
15. 더덕김치
16. 양배추보쌈김치
17. 고수겉절이
18. 얼갈이수삼겉절이

01 열무김치

열무김치

밀가루 풀국을 엷게 풀어 넣어 풋내를 없애고 만든 김치로, 여름철에 시원하게 먹는 국물김치이다.

재료 및 분량

재료	분량	재료	분량
열무 1단	1kg	굵은소금 ½컵	80g
쪽파	25g	홍고추 10개	150g
풋고추 5개	75g	마늘 1통	45g
생강	25g		
밀가루풀국 1컵(물 1컵, 밀가루 2큰술)			
고운소금 2큰술	20g		

담그기

① 열무는 다듬어서 5cm 정도의 길이로 썰고 풋내가 나지 않도록 살살 깨끗하게 씻어 굵은소금에 살짝 절인 다음, 건져 물기를 빼 놓는다. [사진 ❶]

② 쪽파는 3cm 길이로 썰고, 홍고추 2개와 풋고추는 어슷 썰어 씨를 빼 놓는다.

③ 냄비에 분량의 물과 밀가루를 넣고 풀을 쑤어 식혀서 밀가루풀국을 만든다. 분마기에 남은 홍고추와 마늘, 생강을 넣고 함께 갈아서 밀가루풀국을 넣고 김치양념을 만든다. [사진 ❷]

④ 절인 열무에 파와 홍고추, 풋고추, 김치양념을 넣고 버무리고, 고운소금으로 간을하여 항아리에 꼭꼭 눌러 담는다. 김치 버무린 그릇에 약간의 물을 넣고, 고운소금으로 간을 맞추어 김칫국물을 만들어 붓는다. [사진 ❸❹]

Tips

- 연한 풋고추를 섞어 담기도 하고 오이를 넣기도 하는데, 젓국을 쓰지 않고 홍고추를 갈아 국물을 넉넉히 쓰기 때문에 잘 익혀서 시원하게 두었다 먹으면 여름 내내 별미이다.
- 밀가루풀국을 쑬때 멸치육수를 사용하면 김치가 구수하고 국물맛이 좋아진다.
- 여린 열무는 깨끗이 씻어서 절인 다음 건져 물기를 빼고 사용한다..

02 갓김치(갓짠지)

갓김치(갓짠지)

맛과 향기가 진한 갓으로 쪽파를 함께 넣고 담은 전라도 지방의 대표적인 음식이다.

재료 및 분량

홍갓	1kg	쪽파	100g
굵은소금 ½컵	80g	물 2컵	400g
양념			
멸치액젓 ½컵	100g	고춧가루 8큰술	56g
다진 파 4큰술	56g	다진 마늘 1큰술	16g
설탕 1작은술	4g	통깨 1큰술	7g
다진 생강 1작은술			6g
찹쌀풀 ½컵(물 1컵 + 찹쌀가루 1큰술)			

담그기

① 갓은 줄기가 연하고 붉은 빛이 도는 것으로 골라 다듬어 깨끗이 씻고, 쪽파도 다듬어 씻은 후 소금물에 절이다가 쪽파를 넣고 절인 다음 건져 씻어 물기를 빼고 그 절인물을 둔다. [사진 ❶❷]

② 냄비에 찹쌀가루와 물을 붓고 고루 섞어 끓여서 찹쌀풀국을 만들어 식힌다.

③ 멸치액젓에 남겨둔 절인물을 섞고 고춧가루와 나머지 재료를 넣고 고루 섞어 김치양념을 만든다. [사진 ❸]

④ 절인 갓과 쪽파에 양념을 넣고 살살 버무린다.

⑤ 갓김치와 쪽파는 4~5줄기씩 함께 말아서 항아리에 넣고 꼭꼭 눌러 놓는다. [사진 ❹]

Tips

- 갓김치의 갓은 너무 크지 않은 줄기가 연하고, 잎이 싱싱한 붉은 갓으로 담그는 것이 좋다.
- 찹쌀풀을 넣지 않기도 한다.
- 쪽파 량은 기호에 따라 가감한다..

03 깻잎김치

깻잎김치

소금물에 절인 깻잎에 소를 넣고 돌돌 말아 만든 김치로 특유의 맛과 향긋한 냄새가 진한 김치이다.

재료 및 분량

깻잎	200g	굵은소금 ¼컵	
물 3컵	600g	무 ½	500g
실파	50g	밤 3개	70g
마늘 1통	45g	생강	5g
멸치액젓 ¼컵	50g	고춧가루 ½컵	40g
설탕 ½큰술	7g	고운소금 적당량	

담그기

① 깻잎은 깨끗이 씻어 굵은소금 물에 담가 떠오르지 않게 접시나 돌로 눌러 20분 정도 살짝 절여 물에 헹구어 물기를 빼 놓는다. [사진 ❶]

② 무는 씻어서 4cm 길이로 곱게 채 썰고, 실파는 다듬어서 3cm 길이로 썰어 놓는다.

③ 밤은 껍질을 벗겨 채 썰고, 마늘과 생강은 껍질을 벗겨 씻어서 각각 채로 썬다. [사진 ❷]

④ 멸치액젓에 고춧가루를 넣고 잠시 불렸다가 여기에 채 썬 무, 실파, 밤, 마늘, 생강과 설탕을 넣어 고루 버무려 김치양념을 만들고 고운소금으로 간을 맞춘다. [사진 ❸]

⑤ 깻잎을 2장씩 겹쳐서 그릇에 놓고 무채 양념을 길이로 놓고 돌돌 말아 항아리에 차곡차곡 담아서 돌로 눌러 뚜껑을 덮는다. [사진 ❹]

Tips

- 깻잎김치는 비타민과 무기질을 고루 함유하고 있어 영양적으로도 우수하며 사계절 어느 때나 쉽게 구할 수 있어 식탁에 자주 올리면 좋은 김치이다.
- 깻잎은 윗면이 겉으로 나오게 소를 넣고 돌돌 말으면 색이 파랗다.

04 고들빼기김치

고들빼기김치

잎이 연한 고들빼기를 소금물에 삭혀 쓴맛을 빼고 멸치액젓에 갖은 양념을 넣고 버무려 만든 전라도 지방의 대표적인 김치이다.

재료 및 분량

고들빼기	1kg	물 10컵	2kg
쪽파	100g	굵은소금 ½컵	80g
멸치액젓 ½컵	110g	고춧가루 ¾컵	
마늘 1⅓통	55g	생강	5g
설탕 1큰술	15g	통깨 2큰술	10g
찹쌀풀국 1컵(물 1컵, 찹쌀가루 2큰술)			
고운소금 1큰술	10g		

담그기

① 뿌리가 굵고 잎이 연한 고들빼기는 깨끗이 다듬어 씻어 건져서 물기를 빼놓는다. 쪽파는 다듬어서 깨끗이 씻고 길이로 반을 자른다.

② 물에 굵은소금을 넣고 엷은 소금물을 만들어 고들빼기를 넣고 돌로 눌러서 7~10일 정도 삭혀 쓴맛을 우려 낸 다음 깨끗이 씻어 건져 물기를 뺀다. [사진 ❶❷]

③ 물에 찹쌀풀국을 넣고 풀을 쑤어 찹쌀풀국을 만들어 식힌다. 마늘과 생강은 곱게 다진다.

④ 멸치액젓에 고춧가루를 넣어 불려 놓고 여기에 다진 마늘, 생강, 설탕, 찹쌀풀국을 넣고 걸쭉한 김치양념을 만든다.

⑤ 고들빼기와 쪽파에 김치양념과 통깨를 넣고 고루 버무리고, 고운소금으로 간을 맞추어 항아리에 꼭꼭 눌러 담는다. [사진 ❸❹]

Tips

- 고들빼기김치는 알칼리성 식품으로 김장때 담으면 겨우내 입맛을 돋우어 주며 음력설 이후에 별미로 먹는 김치이다.
- 김치양념에 조청을 넣어서 걸쭉한 양념을 만들기도 한다.

05 우엉김치

우엉김치

우엉에 갓, 미나리, 실파, 여러 가지 양념을 넣고 만든 김치이다.

①

②

③

④

재료 및 분량

우엉(中)	1kg	파	80g
갓	60g	미나리	50g
실파	100g	식초 2큰술	30g
멸치액젓 ⅓컵	70g	고춧가루 1컵	80g
마늘 1⅓통	55g	생강	25g
고운소금 1큰술	10g	설탕 · 통깨 적당량	

담그기

① 우엉은 중간 크기로 선택하여 껍질을 벗긴 다음 깨끗이 씻어 어슷하게 썰고 파도 어슷썬다. 갓과 미나리, 실파는 4cm 길이로 썰고, 마늘과 생강은 다진다. [사진 ❶]

② 냄비에 물과 분량의 식초를 넣고 손질한 우엉을 넣어 5분 정도 데친 다음, 찬물에 헹구어 물기를 뺀다. [사진 ❷]

③ 고춧가루에 멸치액젓을 붓고 잘 갠 다음, 우엉에 넣고 고루 버무려 고춧물을 들인다. [사진 ❸]

④ 우엉에 고춧물이 들면 준비한 갓, 미나리, 실파, 다진마늘, 생강, 설탕, 통깨를 넣고 버무려서 고운소금으로 간을 한 후, 항아리에 꼭꼭 눌러 담고 절인 갓잎이나 우거지를 덮는다. [사진 ❹]

Tips

- 우엉김치는 우엉의 독특한 향기와 약리효과가 있는 산채 김치이다.
- 우엉은 초여름에 출하되는 우엉이 향과 맛에서 뛰어나다. 굵은 것보다 굵기가 2cm 이하로 가는 것이 좋으며, 신진대사에 좋다.

06 호박지

호박지

누렇게 익은 늙은호박과 배추우거지, 무청을 절여서 고춧가루와 젓갈을 넣고 버무려 만든 황해도 지방의 대표적인 김치이다.

재료 및 분량

재료	분량	재료	분량
늙은호박 ½개	1kg	굵은소금 2큰술	
무청	500g	배추우거지	500g
굵은소금 4큰술		새우젓 ½컵	130g
황석어젓(조기젓) 3큰술			75g
마늘 1통	45g	생강	15g
쪽파	100g	고춧가루 1컵	80g
고운소금 적당량			

담그기

① 늙은호박은 반으로 잘라 씨와 속을 긁어 내고 껍질을 벗긴 다음 길이 5cm, 폭 1.5cm, 두께 1cm 크기로 썰어 굵은소금에 절여서 물기를 빼 놓는다. [사진 ❶]

② 배추우거지와 무청은 소금에 2~3시간 절였다가 깨끗이 씻어 물기를 빼고 쪽파는 5cm 길이로 썬다.

③ 마늘과 생강은 깨끗이 씻어 곱게 다지고 새우젓과 황석어젓도 다져서 고춧가루와 다진마늘, 생강을 넣고 김치양념을 만든다. [사진 ❷❸]

④ 절인호박과 배추우거지, 무청에 준비한 양념과 쪽파를 넣고 고루 버무린 후 마지막에 고운소금으로 간을 해서 항아리에 담고 절인 우거지를 덮어 눌러 놓는다. [사진 ❹]

Tips

- 호박지는 오래 두었다가 익혀서 먹게 되므로 간은 약간 세게 하며, 항아리에 꼭꼭 눌러 담고 먹을 때 마다
- 조금씩 꺼내고 잘 다독거려 맛이 변하지 않게 한다.
- 호박지는 맛이 들어 익으면 밥솥에 얹어 찌거나 돼지고기를 넣고 보글보글 찌개를 끓여 먹는다.

07 가지김치

가지김치

진보라색의 가지에 칼집을 넣고 살짝 찐 다음 보리죽을 넣은 소를 가지속에 채워 넣고 담근 김치이다.

재료 및 분량

재료	분량	재료	분량
가지 4개	500g	무	50g
부추	30g	보리 2큰술	14g
물 1컵	200g		
양념			
고춧가루 2½큰술			17.5g
새우젓	15g	다진 파 1큰술	1g
다진 마늘 ½큰술	8g	소금 ¾작은술	3g
다진 생강 1작은술			4g

담그기

① 가지는 너무 크지 않고 연한 것을 골라 다듬어서 깨끗이 씻고 양끝을 1cm 정도 남기고 가운데에 길이로 칼집을 열십자로 넣는다. [사진 ❶]

② 찜기에 물을 붓고 끓으면 가지를 넣고 5분 정도 살짝 찐 다음 꺼내어 차게 식힌다. [사진 ❷]

③ 무와 부추는 깨끗이 다듬어 씻고, 무는 길이 2cm 정도로 채 썰고, 부추는 길이 2cm 정도로 썬다.

④ 보리는 깨끗이 비벼 씻는다. 냄비에 보리와 물을 붓고 약불에 푹 끓여 물이 반으로 줄어들면 체에 밭쳐 보리죽을 만들고 차게 식힌다.

⑤ 양념용 새우젓은 건더기는 곱게 다지고 나머지 재료를 섞어서 양념을 만든다.

⑥ 무와 부추에 보리죽과 양념을 넣고 고루 섞어서 가지김칫소를 만든다. [사진 ❸]

⑦ 찐 가지의 칼집사이에 가지김칫소를 채워 넣고 항아리에 차곡차곡 담는다. [사진 ❹❺]

Tips

- 보리죽 대신 보리가루에 물을 넣고 끓여 사용하기도 한다.
- 새우젓 대신 소금으로만 간을 하기도 한다.
- 찐 가지는 질감은 무르지만 색이 많이 변하지 않고, 절인 가지는 질감은 좋으나 절이는 시간이 오래 걸리며, 절이면서 색이 갈변한다.

08 돌미나리김치

돌미나리김치

돌미나리와 무채에 여러 가지 양념을 넣어 만든 별미 김치이다.

재료 및 분량

재료	분량	재료	분량
돌미나리	400g	고운소금 4큰술	60g
무	200g	마늘 ½통	20g
생강	5g	홍고추 2개	30g
멸치액젓 ¼컵	50g		
감초물 ½컵(감초 2g, 물 2컵)			
찹쌀풀국 ½컵(물 ½컵, 찹쌀가루 ½큰술)			
고춧가루 ½컵	40g	통깨 1큰술	5g
고운소금 적당량			

담그기

① 돌미나리는 뿌리를 다듬고 깨끗이 씻어 고운소금물에 살짝 절여 건져 물기를 빼 놓는다. [사진 ❶]

② 무는 5cm 길이로 채 썰어 고춧가루 물을 들여 놓고 마늘과 생강은 다져 놓고 홍고추는 씨를 빼 내고 채 썬다. [사진 ❷]

③ 분량의 물에 감초를 넣고 10분 정도 끓인 다음 체에 걸러 식혀서 감초물을 만들고, 찹쌀가루에 물을 넣고 끓여 식혀서 찹쌀풀국을 만든다.

④ 그릇에 감초물, 찹쌀풀국, 마늘, 생강, 홍고추, 고춧가루, 통깨, 멸치액젓을 넣고 김치양념을 만들어 놓는다. [사진 ❸]

⑤ 준비해 놓은 김치양념에 돌미나리와 무채를 넣고 골고루 버무린 후 고운소금으로 간을 맞추어 항아리에 담는다. [사진 ❹]

Tips

- 돌미나리 김치는 아삭아삭 씹히는 맛과 돌미나리 특유의 향이 진한 김치이다.
- 미나리는 오래 절이거나 간을 너무 세게하면 질겨지므로 주의한다.

09 쑥갓김치

쑥갓김치

쑥갓김치는 쑥갓에 멸치액젓과 여러 가지 양념을 하여 만든 향이 짙은 김치 이다.

①

②

③

④

재료 및 분량

재료	분량	재료	분량
쑥갓	1kg	무	100g
굵은소금 ¼컵	40g		
밀가루풀국(물 1컵, 밀가루 2큰술)			
멸치액젓 4큰술	60g	파	300g
마늘	20g	생강	10g
홍고추 3개	45g	고춧가루 5큰술	35g

담그기

① 쑥갓은 깨끗이 씻어서 굵은소금에 살짝 절인 다음 건져 물기를 빼 놓는다. [사진 ❶]

② 무는 깨끗이 씻어 5cm 길이로 채 썰어 굵은소금에 살짝 절인 다음 건져 물기를 빼 놓는다. [사진 ❷]

③ 물에 분량의 밀가루를 넣고 밀가루풀국을 쑤어 식혀 놓고, 파, 마늘, 생강, 홍고추는 다듬어 깨끗이 씻어 채 썰어 놓는다.

④ 밀가루 풀국에 멸치액젓으로 간을 하고 파, 마늘, 생강, 홍고추, 고춧가루를 넣고 김치양념을 만든 후, 쑥갓과 무를 넣어 살살 버무린 다음 항아리에 꼭꼭 눌러 담는다. [사진 ❸❹]

Tips

- 쑥갓의 향을 살리고자 할 때는 멸치액젓을 넣지 않아도 좋다.
- 쑥갓김치의 쑥갓은 연하고 부드러운 것을 사용한다.

10 청경채김치

청경채김치

봄에서 초여름사이에 먹는 김치로, 아삭아삭한 청경채 질감이 입맛을 돋우는 김치이다.

재료 및 분량

청경채	1kg	굵은소금 ½컵	80g
무	300g	미나리	10g
쪽파	30g	갓 2잎	20g
멸치액젓 ¼컵	50g	마늘 1통	45g
생강 1쪽	5g		
찹쌀풀국 ⅓컵(물 ½컵, 찹쌀가루 1큰술)			
고춧가루 ⅓컵	25g		
통깨 · 고운소금 적당량			

담그기

① 청경채는 깨끗이 손질하여 옅은 소금물에 절여 건져 놓는다. [사진 ❶]

② 무는 잔뿌리는 떼어내고 깨끗이 씻어 5cm 길이로 썬다. 미나리와 쪽파, 갓도 3cm 길이로 썰고, 마늘, 생강은 곱게 다진다. [사진 ❷]

③ 물에 분량의 찹쌀가루를 넣고 찹쌀풀국을 쑤어 식힌다.

④ 멸치액젓에 고춧가루를 넣어 불려 놓고 다진 마늘, 생강, 통깨, 찹쌀풀국을 넣고 고루 섞은 다음, 준비한 무채, 미나리, 쪽파, 갓, 통깨를 넣고 섞어 김치양념을 만든다. [사진 ❸]

⑤ 준비한 김치양념에 고운소금을 넣고 간을 맞추고 청경채 잎 사이사이에 펴 넣고 항아리에 차곡차곡 담는다. [사진 ❹]

Tips

- 푸른 청경채에 비타민 A와 무기질이 듬뿍 들어 있다.
- 청경채는 마나리과에 속하는 초본식물로 봄에서 여름이 제철이다.
- 청경채는 줄기부분을 먼저 절인 다음 잎 부분을 절인다.

11 상추불뚝김치

상추불뚝김치

상추불뚝김치는 늦가을에 많이 담그는 김치이며, 신선한 맛이 있어 입맛을 돋운다.

재료 및 분량

불뚝 상추	300g	소금 2큰술	24g
감자 ⅓개	50g	물 1컵	200g
청고추 1개	15g	홍고추 1개	20g
쪽파	20g		
양념			
고춧가루 2큰술	28g	다진 파 1큰술	14g
다진 마늘 ½큰술	8g	설탕 1작은술	4g
통깨 ½큰술	3.5g		

담그기

① 상추는 깨끗이 다듬어 씻어서 소금물에 살짝 절인 다음 물에 가볍게 헹구고 체에 밭쳐 물기를 뺀다. [사진 ❶]

② 감자는 껍질을 벗기고 작게 썬다. 믹서에 감자와 물을 넣고 곱게 갈아서 냄비에 붓고 감자풀을 쑤어 식힌다. [사진 ❷]

③ 감자풀에 양념재료를 넣고 고루 섞어 상추김치 양념을 만든다.

④ 청고추와 홍고추, 쪽파는 깨끗이 다듬어 씻어서 청고추와 홍고추는 어슷 썰고, 쪽파는 길이 4cm 정도로 썬다. [사진 ❸]

⑤ 절인 상추에 양념과 청·홍고추, 쪽파를 넣고 살살 버무린다. [사진 ❹]

상추김치

상추김치는 담가서 바로 먹는 김치로, 쌉싸름한 맛이 있어 입맛을 돋운다.

Tips

- 상추는 결구상추, 잎상추 등 여러 종류가 있으며 약간의 쓴맛과 단맛이 있는 것이 특징이다.
- 불뚝상추란 늦여름에 상추 고갱이가 올라와서 상추 줄기까지 붙어있는 상추를 말한다.

12 파김치

파김치

멸치액젓으로 절여서 손쉽게 만드는 김치이다.

재료 및 분량

쪽파(실파) 1단	1kg	멸치액젓 ½컵	100g
고춧가루 ½컵	40g	마늘 ⅔통	30g
생강	5g	설탕 1큰술	15g
통깨 1큰술	10g	고운소금 적당량	

담그기

① 쪽파는 깨끗이 다듬어 씻어 물기를 뺀다.

② 그릇에 실파를 한 켜 펴고 멸치액젓을 고루 끼얹고, 다시 실파를 놓고 멸치액젓을 끼얹어 켜켜이 절인다. 마늘과 생강은 곱게 다진다. [사진 ❶]

③ 고춧가루를 멸치액젓에 불려 다진 마늘, 생강, 설탕, 통깨를 함께 넣고 걸쭉하게 김치양념을 만든다. [사진 ❷]

④ 절인 파에 김치양념을 넣고 고루 버무린 후, 5~6 가닥씩 한데 감아 묶어 항아리에 차곡차곡 담는다. 김치 버무린 그릇에 물을 약간 넣고 고운소금으로 간을 하여 김칫국물을 만들어 붓는다. [사진 ❸❹]

Tips

- 잘 익은 동아김치는 도톰하게 썰어 국물과 함께 항아리에 담아 두고 먹는다.
- 상에 낼 때에는 김치그릇에 담고 잣을 띄워낸다.
- 동아김치는 1815년 빙허각 이씨가 지은 '규합총서'에 나오는 김치이다.

13 부추김치

부추김치

부추를 멸치액젓으로 절여서 여러 가지 양념을 넣고 만든 김치이다.

재료 및 분량

부추 2단	1.3kg	멸치액젓 ¾컵	150g
마늘 1통	45g	생강	10g
고춧가루 1컵	80g	설탕 2큰술	30g
고운소금 적당량			

담그기

① 부추는 잎이 통통하고 짧은 것으로 준비하여 깨끗이 씻어 건져 물기를 빼 놓는다. [사진 ❶]

② 그릇에 부추를 한 켜 깔고 멸치액젓을 뿌리고 다시 부추, 멸치액젓 순으로 켜켜이 절인다. [사진 ❶]

③ 마늘, 생강은 깨끗이 손질하여 곱게 다진다. [사진 ❷]

④ 부추가 알맞게 숨이 죽으면 액젓을 따라 내고 다진 마늘과 생강, 고춧가루, 설탕을 넣어 양념을 만든 다음, 절인 부추를 넣고 살살 버무려 고운소금으로 간을 맞추고, 한번에 먹을 양만큼 타래를 틀어 항아리에 꼭꼭 눌러 담는다. [사진 ❸❹]

Tips

- 부추는 소금에 절이면 질겨지므로 젓국에 살짝 절이고, 풋내가 나지 않도록 살살 버무려 국물 없이 담근다.
- 부추김치는 경상도 지방에서 많이 먹는 김치이다.
- 겉절이 처럼 무쳐서 곧바로 먹을 수 있는 봄과 여름철 별미 김치이다.

14 돌나물김치

돌나물김치

돈나물이라고도 하며 봄철의 구미를 돋우는 새콤하고 시원한 김치이다.

재료 및 분량

재료		재료	
돌나물	300g	무	200g
오이 1개		풋고추 3개	
홍고추 2개		마늘	20g
생강	10g	고춧가루 2큰술	
밀가루풀국 5컵(물 5컵, 밀가루 2큰술)			
설탕 3큰술		고운소금 3큰술	

담그기

① 돌나물은 연하고 싱싱한 것을 골라 다듬어 넉넉한 물에 씻어 건져 놓는다. [사진 ❶]

② 오이는 소금으로 비벼 씻어서 0.2cm 두께로 동글동글하게 썰어 놓고, 풋고추와 홍고추는 깨끗이 씻어 0.2cm 두께로 어슷 썰어 물에 씻어 씨를 털어낸다. [사진 ❷]

③ 무는 깨끗이 다듬어 씻어 강판에 갈아 면보로 짜서 무즙을 만들어 놓고, 마늘과 생강은 손질하여 곱게 채 썬다.

④ 물에 분량의 밀가루를 넣고 밀가루풀국을 쑤어 식힌다.

⑤ 밀가루풀국에 무즙을 넣고 고운 면보에 고춧가루를 넣고 주물러 고춧가루물을 낸 다음 설탕과 고운소금으로 간을 맞추어 김칫국물을 만들어 놓는다. [사진 ❸]

⑥ 돌나물, 오이, 풋고추, 홍고추, 채썬 마늘, 생강을 함께 버무려 항아리에 담고, 김칫국물을 붓는다. [사진 ❹]

Tips

- 돌나물김치는 오래 두고 먹으면 물러지므로 익으면 바로 먹는다.
- 돌나물김치에 미나리를 넣기도 한다.

15 더덕김치

더덕김치

더덕 가운데에 칼집 내고 소금물에 절였다가 양념 소를 채워 넣고 만든 김치이다.

재료 및 분량

더덕 30개	600g	굵은소금 5큰술	90g
부추	200g	새우젓 ⅓컵	90g
고춧가루 ½컵	40g	파	100g
마늘 ½통	25g	생강	15g
설탕 1큰술	15g	고운소금 적당량	

담그기

① 더덕은 껍질을 벗기고 깨끗이 씻어 5cm 길이로 썰어 양끝을 1cm씩 남기고 가운데를 길이로 칼집을 내어 굵은 소금물에 절여 물기를 빼 놓는다. [사진 ❶]

② 부추는 송송 썰고 새우젓은 건지를 건져 곱게 다진다. 파, 마늘, 생강은 곱게 다진다. [사진 ❷]

③ 그릇에 고춧가루와 새우젓, 파, 마늘, 생강, 설탕을 넣어 고루 섞은 후 부추를 넣고 버무려 소를 만들어 놓는다. [사진 ❸]

④ 더덕 칼집 사이에 준비한 소를 꼭꼭 채워 넣고 항아리에 꼭꼭 눌러 담은 후, 김치 버무린 그릇에 물을 붓고 고운소금으로 슴슴하게 간하여 항아리에 붓는다. [사진 ❹]

Tips

- 더덕은 소금물에 충분히 절여야 양념 소를 넣을 때 부러지지 않는다.
- 더덕이 굵은 것은 더덕 가운데 심이 있어 좋지 않다.

16 양배추보쌈김치

양배추보쌈김치

양배추에 무, 미나리와 여러 가지 양념을 넣어 만든 독특한 향미의 김치이다.

재료 및 분량

재료	분량	재료	분량
양배추 2통	3kg	굵은소금 ½컵	80g
무 ½개	500g	소금 1큰술	
미나리	60g	배	100g
홍고추 7개	100g	파	160g
마늘	30g	실고추	5g
고춧가루 ¼컵	25g	고운소금 적당량	

담그기

① 양배추는 가운데 심을 자르고 한 잎씩 떼어 낸 다음 굵은 줄기 부분은 칼로 저며 내고, 굵은 소금물에 담가 부드럽게 절인다. [사진 ❶]

② 무는 5cm 길이로 자르고 가늘게 채 썰어서 고운소금을 약간 넣어 절인다. 미나리는 다듬어 줄기만 3cm 길이로 썰어 놓는다. [사진 ❷]

③ 홍고추는 길이로 절반을 잘라 씨를 털어 3cm 길이로 채 썬다. 파와 마늘은 깨끗이 씻어 3cm 길이로 채 썰고, 배는 껍질을 벗기고 채 썰어 연한 소금물에 담근다. 실고추는 2cm 길이로 자른다.

④ 채 썬 무와 미나리에 홍고추, 파, 마늘, 배, 실고추 등을 넣고 섞은 다음, 고운소금으로 간을 맞추어 양념소를 만든다. [사진 ❸]

⑤ 절인 양배추잎을 펴고 준비해 놓은 양념소를 놓고 싸서 항아리에 차곡차곡 넣는다. 김치 버무린 그릇에 물을 약간 넣고 고운소금으로 간을 하여 김칫국물을 만들어 붓는다. [사진 ❹]

Tips

- 칼슘이 많은 알칼리성 식품으로 위궤양에 좋은 성분이 있으며 혈압과 혈당치를 낮추어 주기 때문에 당뇨병, 고혈압, 변비에도 좋은 김치이다.

17 고수겉절이

고수겉절이

고수에 실파와 고추를 썰어 넣고 갖은 양념을 넣어 만든 김치로 개성지방에서 즐겨 먹었던 김치이다.

재료 및 분량

고수 200g		실파 20g	
청고추 1개	15g	홍고추 ½개	10g
양념			
고춧가루 1큰술	7g	새우젓 1큰술	15g
설탕 1작은술	4g	다진 파 ½큰술	7g
통깨 1작은술	2g	물 2큰술	30g
다진 마늘 1작은술			5.5g

담그기

① 고수는 다듬어서 깨끗이 씻고, 길이 7cm 정도로 자른다. [사진 ❶]

② 실파는 다듬어서 깨끗이 씻고, 길이 3cm 정도로 썬다.

③ 청·홍고추는 씻어 길이로 반을 잘라 속을 떼어 내고 길이 3cm 폭·두께 0.2cm 정도로 채 썬다. [사진 ❷]

④ 새우젓은 건더기만 건져 곱게 다지고, 나머지 양념 재료와 함께 넣고 섞어서 양념을 만든다. [사진 ❸]

⑤ 고수에 양념을 넣고 고루 버무린 다음 실파와 청·홍고추, 통깨를 넣고 고루 버무린다. [사진 ❹]

Tips

- 고수겉절이는 먹기 직전에 무쳐야 물이 생기지 않는다.

18 얼갈이수삼겉절이

얼갈이수삼겉절이

얼갈이배추에 수삼을 넣고 버무린 김치로 수삼의 향과 쌉쌀한 맛이 별미인 김치이다.

재료 및 분량

얼갈이배추	200g	수삼 2뿌리	70g
쪽파	20g	굵은소금 1큰술	
양념			
홍고추 2개	40g	새우젓	15g
다진 마늘 ½큰술	8g	배	50g
찹쌀풀(찹쌀가루 5g+물 ½컵(100g))			30g

담그기

① 얼갈이배추는 다듬어서 길이 6cm 정도로 자르고, 소금을 넣고 1시간 정도 절인 다음 씻어서 물기를 뺀다. [사진 ❶]

② 수삼은 다듬어 씻고 길이 5cm 정도로 자른 다음 폭 1cm 두께 0.1cm 정도로 썬다. [사진 ❷]

③ 쪽파는 다듬어 씻고 길이 4cm 정도로 썬다.

④ 냄비에 찹쌀가루와 물을 붓고 찹쌀풀을 쑤어 식힌다.

⑤ 홍고추는 씻어서 작게 썰고, 배는 껍질을 벗기고 작게 썬 다음 믹서에 새우젓, 찹쌀풀과 함께 넣고 갈아서 겉절이양념을 만든다. [사진 ❸]

⑥ 그릇에 절인 얼갈이배추와 수삼, 쪽파를 넣고 겉절이 양념을 넣어 살살 버무린 다음 항아리에 담는다. [사진 ❹]

Tips

- 얼갈이배추 대신 배추속대를 절여서 만들기도 하며, 물을 넉넉히 붓고 물김치로 담기도 한다.
- 홍고추 대신 고춧가루를 넣고 버무리기도 한다.
- 수삼은 소금에 절이면 향이 덜하므로 저며 썰어서 바로 버무려야 좋다.

육류&해산물김치류

1. 제육김치
2. 멍게열무김치
3. 통대구김치
4. 무명태김치
5. 꼴두기무생채
6. 굴김치
7. 해물김치
8. 전복김치
9. 해초김치

01 제육김치

제육김치

돼지고기에 된장, 마늘, 생강 등을 넣고 푹 삶아서 절인배추와 고루 버무려 만든 김치이다

재료 및 분량

재료	분량	재료	분량
배추 ½포기	1kg	굵은소금 ½컵	80g
돼지고기	600g	쪽파	100g
미나리	80g	오이 2개	300g
밤 5개	150g	대추 5개	20g
고춧가루 ⅔컵	55g	마늘 1통	45g
생강	15g	새우젓 3큰술	60g
고운소금 1큰술	10g	설탕 1½큰술	20g
돼지고기 삶을 때 양념			
된장 1큰술		파	80g
마늘 ½통	20g	생강	5g
양파 ¼개	60g		

담그기

① 배추는 뿌리 밑동과 겉잎을 다듬고 길이로 포기의 반만 칼집을 넣어 손으로 쪼개서 15% 정도의 굵은 소금물에 절여서 씻은 다음 건져 물기를 빼서 4cm 길이로 자른다. [사진 ❶]

② 돼지고기는 찬물에 담가 핏물이 빠지면 물에 된장을 풀고 파, 마늘, 생강, 양파를 넣고 삶아서 식으면 납작하게 썬다. [사진 ❷]

③ 쪽파와 미나리는 깨끗이 다듬어 씻어 3cm 길이로 썬다. 오이는 소금으로 문질러 씻어 4cm 길이로 자르고, 다시 반으로 잘라 골패 모양으로 썬다. 밤은 껍질을 벗겨 납작하게 저며 썰고, 대추는 살만 돌려 깍아서 채 썬다.

④ 마늘과 생강은 껍질을 벗겨 깨끗이 손질한다. 분마기에 마늘과 생강을 갈다가 새우젓건지와 고춧가루를 넣고 다시 한 번 갈아서 김치양념을 만든다. [사진 ❸]

⑤ 절인 배추에 돼지고기와 김치양념을 넣고 버무리면서 쪽파, 미나리, 오이, 밤, 대추를 넣고 고운소금, 설탕으로 간을 맞추어 항아리에 꼭꼭 눌러 담는다. [사진 ❹]

Tips

- 배추와 돼지고기, 새우젓이 들어간 동물성 김치로 궁합이 잘 맞는 영양 김치이다.
- 돼지고기는 기름기가 없는 부위가 김치 담그기가 좋다.

02 멍게열무김치

멍게열무김치

멍게와 열무, 감자풀국을 넣어 만든 해물 김치이다.

재료 및 분량

재료	분량	재료	분량
멍게 10마리	800g	열무	2kg
굵은소금 ½컵	80g	감자 1개	200g
물 1컵		실파	30g
양파 1개	250g	홍고추 3개	45g
고춧가루 ½컵	40g	멸치액젓 ⅓컵	75g
마늘 2½통	130g	생강	30g
고운소금 1큰술	10g		

담그기

① 멍게는 머리부분을 잘라 낸 다음 속살을 꺼내고 반을 갈라 내장을 제거한다. 열무는 다듬어서 5cm 정도 길이로 썰어 깨끗이 씻은 다음, 굵은소금을 넣고 절여서 씻어 건져 물기를 빼 놓는다. [사진 ❶]

② 감자는 강판에 갈아서 같은 분량의 물을 부어 약한 불에서 저어가면서 감자풀국을 쑤어 식혀 놓는다. [사진 ❷]

③ 실파는 4cm 길이로 썰고, 양파는 0.5cm 두께로 채 썬다. 홍고추는 분마기에 갈아 둔다. [사진 ❸]

④ 감자풀국에 고춧가루와 멸치액젓, 다진 마늘, 다진 생강, 갈은 고추를 넣고 섞어서 김치양념을 만든다.

⑤ 물기를 빼 놓은 열무에 멍게와 양파를 넣고 준비한 김치양념을 넣어 살살 버무린 다음, 고운소금으로 간을 맞추어 항아리에 꼭꼭 눌러 담아 익힌다. [사진 ❹]

Tips

• 멍게열무김치는 멍게의 맛과 향이 잘 어우러진 김치로 익으면 바로 먹는 것이 좋다.

03 통대구김치

통대구김치

통대구 김치는 생선 속에 채소 양념을 넣어 만든 동물성 김치이다.

재료 및 분량

재료	분량	재료	분량
통대구(中) 2마리	900g	굵은소금 ½컵	80g
무	1.5kg	소금 ½컵	
배추	1kg	고춧가루 1컵	80g
파	400g	마늘 1⅓통	55g
생강	25g	멸치액젓 ½컵	100g
고운소금 · 깨소금 · 실파 · 통깨 적당량			

담그기

① 통대구는 비늘을 깨끗이 긁고 내장을 떼어낸 다음, 씻어 물기를 빼고 등쪽으로 길게 칼집을 넣고 갈라서 펼친다. 대구에 소금을 뿌려 1~2일 정도 꾸덕꾸덕하게 절여 놓는다. [사진 ❶]

② 무는 길이로 4등분 하여 0.5cm 정도 두께로 은행잎 모양으로 썰어 굵은소금에 살짝 절여 건져 물기를 빼 놓고 파와 마늘, 생강은 곱게 다진다.

③ 배추는 4cm 정도의 길이로 썰어 깨끗이 씻어 소금에 절였다가 건져 물기를 빼 놓는다. 무와 배추에 고춧가루를 넣고 파, 마늘, 생강, 멸치액젓을 넣어 간을 맞춘다. [사진 ❷]

④ 통대구의 뱃속에 버무려 놓은 김치를 채워 넣고 갈라진 등을 맞붙여 2~3토막으로 자르고 짚으로 잘 묶는다. [사진 ❸❹]

⑤ 김치항아리에 통대구김치를 담고 절인 배추우거지로 잘 덮고 고운 소금을 뿌려 무거운 것으로 눌러 익힌다. 통대구김치가 잘 익었으면 대구살은 쭉쭉 찢어 참기름과 깨소금, 실파, 통깨 등을 넣고 무쳐 함께 낸다.

Tips

- 대구는 11월~이듬해 2월이 제철이며 한대성 어류이며 저지방 고단백질이기 때문에 비만체형에 좋다.

04 무명태김치

무명태김치

지방함량이 적고 단백한 명태와 무가 잘 어우러져 시원하고 개운한 김치이다

재료 및 분량

재료	분량	재료	분량
무	3kg	명태 1마리	900g
배추 ½포기	1.5kg	굵은소금 2컵	320g
쪽파 ½단	400g	갓 1단	600g
미나리 ½단	160g	파	80g
마늘 2통	90g	생강	30g
고춧가루 2컵	160g	새우젓 ½컵	110g
고운소금 적당량			

담그기

① 명태는 비늘을 긁고 내장과 아가미를 떼어 낸 후 포를 떠서 소금을 뿌려 널어서 꾸덕꾸덕 해지면 한 입 크기로 썬다. [사진 ❶❷]

② 무는 무청의 겉대를 떼어내고 깨끗이 씻어 가로 4cm, 세로 3cm, 두께 1~1.5cm 크기로 썰고, 배추도 무와 같은 크기로 썬다. [사진 ❸]

③ 굵은 소금물에 배추와 무청을 같이 넣고 절여 놓는다. 어느 정도 절여지면, 무를 넣고 같이 절인 다음, 찬물에 헹구어 건져 놓고 쪽파와 갓, 미나리, 파는 다듬어 3cm 길이로 썬다. 마늘, 생강은 깨끗이 다듬어 씻어서 곱게 다진다.

④ 절인 무와 무청, 배추에 고춧가루와 파, 마늘, 생강, 갓, 미나리, 새우젓, 명태를 넣고 버무린 다음 고운소금으로 간을 맞추고 항아리 꼭꼭 눌러 담는다. [사진 ❹]

Tips

- 강원도는 동해를 끼고 있어 해산물이 많아 명태 등을 이용한 해물김치가 많다.
- 여러 가지 해물을 많이 넣으면 김치가 빨리 익고 푹 삭은 생선살을 찢어 먹는 것도 별미다..

05 꼴뚜기무생채

꼴뚜기무생채

깨끗이 손질한 싱싱한 꼴뚜기와 굵게 썬 무 채에 여러 가지 양념을 넣고 만든 김치이다.

재료 및 분량

재료	분량	재료	분량
꼴뚜기	500g	무 5개	5kg
배 1개	500g	고춧가루 2컵	160g
굵은소금 1컵	160g	미나리	400g
실파	200g	홍고추 10개	150g
마늘	100g	생강	30g
설탕 2큰술	30g	고운소금 적당량	

담그기

① 꼴뚜기는 배를 갈라서 뼈와 내장을 떼어내고 껍질을 벗겨 깨끗이 씻어 1cm 굵기로 채 썬다. [사진 ❶]

② 중간 크기의 무를 골라 잔뿌리는 떼고 깨끗이 씻은 다음 5cm 길이로 굵게 채 썰고 소금에 살짝 절여 물기를 빼 놓는다. 배도 같은 크기로 채 썬다. [사진 ❷]

③ 미나리와 실파는 다듬어 씻어서 3cm 길이로 썰고, 홍고추는 길이로 2등분하여 고추씨를 털어 내고 3cm 길이로 채 썬다. 마늘과 생강은 깨끗이 손질하여 곱게 다진다. [사진 ❸]

④ 절인 무채에 고춧가루를 넣고 버무려 고춧물을 들인 다음 준비한 배, 꼴뚜기, 미나리, 실파, 마늘, 생강을 넣고 버무린 뒤, 고운소금과 설탕으로 간을 맞추고 항아리에 꼭꼭 눌러 담는다. [사진 ❹]

Tips

- 꼴뚜기 무생채는 담근 후 1~2일이면 먹을 수 있다.

06 굴김치

굴김치

무를 긁어서 굴과 실파, 여러 가지 양념을 넣어 만든 부드러운 김치이다.

재료 및 분량

재료	분량	재료	분량
무(中) 2개	2kg	굴	600g
실파	40g	파	80g
마늘 ½통	20g	생강	10g
고춧가루 ¾컵	60g	설탕 2큰술	30g
고운소금 4큰술	40g		

담그기

① 무는 잔뿌리를 떼고 다듬어 씻어 길이로 2등분 한 다음 수저로 무를 긁어낸다. [사진 ❶]

② 굴은 엳은 소금물에 살살 씻어 건져 물기를 빼 놓는다. [사진 ❷]

③ 실파는 깨끗이 다듬어 씻어서 3cm 길이로 썬다.

④ 파, 마늘, 생강은 깨끗이 다듬어 씻고 곱게 다져 놓는다.

⑤ 긁어 놓은 무에 고춧가루를 넣고 고춧물을 들인 다음 준비된 재료를 모두 넣고 설탕과 고운소금으로 간을 맞추고 항아리에 담는다. [사진 ❸❹]

Tips

- 굴김치는 '바다의 우유'라 할 정도로 칼슘과 철분이 풍부한 굴을 이용한 김치이다.
- 굴김치의 무는 중간 크기의 단맛이 나고 단단한 무가 좋다.

07 해물김치

해물김치

도루묵, 생태, 물오징어 등의 해물이 많이 들어가 동물성 영양이 풍부한 강원도 지방의 대표적인 김치이다.

재료 및 분량

무 3개	3kg	배추 ¼통	500g
굵은소금 2컵	320g	갓	50g
미나리	100g	실파	100g
파	240g	고춧가루 1컵	80g
도루묵 6마리	500g	생태 3마리	900g
물오징어 2마리	550g	마늘 2½통	110g
생강	40g	멸치젓 1컵	220g
고운소금 적당량			

담그기

① 무는 다듬고 깨끗이 씻어 가로 3cm, 세로 4cm, 두께 0.5cm 정도로 나박 썰어 굵은소금에 절여 건져 물기를 빼 놓는다.

② 배추는 2등분 하여 굵은소금에 절인 뒤, 씻어 건져 물기를 뺀 다음 3cm 길이로 썬다. 갓과 미나리, 실파는 깨끗이 다듬어 씻고 3cm 길이로 썰고, 파는 같은 길이로 썬 다음 다시 채 썬다. [사진 ❶]

③ 멸치젓은 동량의 물을 넣고 달여서 고운체에 받쳐 맑은 멸치젓국을 만들어 놓는다. 마늘과 생강은 곱게 다진다.

④ 도루묵과 생태는 비늘을 긁고 아가미와 내장을 빼낸 후 깨끗이 씻어서 가로 2cm, 세로 3cm의 크기로 저며 썰고, 오징어도 다리와 내장을 떼어내고 깨끗이 씻어 생선 크기로 썬다. [사진 ❷]

⑤ 무에 고춧가루를 넣고 고춧물을 들인 후 준비한 재료를 넣고 살살 버무리고, 고운소금으로 간을 한 후 항아리에 꼭꼭 눌러 담는다. 김치 버무린 그릇에 약간의 물을 부어 고운소금을 넣고 간을 맞추어 김치양념국물을 만들어 붓는다. [사진 ❸❹]

Tips

- 해물김치는 생선을 많이 저며 넣고 담기 때문에 비교적 빨리 익으므로 김장 김치가 익기 전에 담가 먹는다.
- 도룩묵의 성수기는 11~12월이고 집중력을 도와주는 식품이다.

08 전복김치

전복김치

전복살을 저며 무와 유자껍질을 넣고 여러 가지 양념을 넣어 만든 김치이다.

①　②　③　④

재료 및 분량

전복(小) 10개	무 1kg
유자 ¼개	배 ½개
쪽파 3뿌리	마늘 20g
생강 10g	고춧가루 ½컵
잣 적당량	설탕 적당량
고운소금 2큰술	

담그기

① 전복은 살만 떼어서 끓는 물에 살짝 데치고 얇게 저며 썬다. [사진 ❶❷]

② 무는 가로·세로 1.5cm, 두께로 0.1cm 크기로 얇게 썰어 고운소금에 살짝 절였다가 건진다.

③ 쪽파는 다듬어 씻어서 1cm 길이로 썰고, 마늘과 생강은 깨끗이 다듬어 씻어서 채 썬다.

④ 유자는 4등분하여 껍질을 벗긴 다음 겉껍질 속의 하얀 과육은 포뜨듯이 저며 내고 겉껍질만 곱게 채 썬다. 배도 껍질을 벗겨 무와 같은 크기로 썬다. 잣은 꼬깔을 떼어 놓는다.

⑤ 전복과 무에 고춧가루를 넣고 버무린 후 준비한 재료를 넣고 설탕과 고운소금으로 간을 맞춘다. 전복껍질에 전복김치를 담고 항아리에 차곡차곡 담는다. [사진 ❸❹]

Tips

- 제주도 지방에서 생전복을 이용하여 만든 김치이다.
- 해산물이 주재료이므로 빠른 시일 안에 먹는 것이 좋다.
- 생전복을 사용할 경우 칼집을 넣어 끓는 물에 살짝 데쳐 사용한다. 마른 전복은 물에 불려서 살짝 익힌 다음 얇게 저민다.

09 해초김치

해초김치

톳, 미역, 다시마와 같은 해초류에 여러 가지 양념을 넣고 만든 해초류 김치이다.

①

②

③

④

재료 및 분량

물미역	100g	톳	200g
솔잎말	100g	대황	100g
큰실말	100g	파	20g
마늘	10g	생강	10g
고춧가루 5큰술		설탕 1작은술	
멸치액젓 4큰술			

담그기

① 물미역과 톳, 솔잎말, 대황, 큰실말은 깨끗이 씻어 물기를 빼 놓는다. [사진 ❶]

② 파와 마늘, 생강은 껍질을 벗기고 깨끗이 씻어 다져 놓는다. [사진 ❷]

③ 파, 마늘, 생강, 설탕, 고춧가루를 넣고 김치양념을 만들어 놓는다. [사진 ❸]

④ 물미역과 톳, 솔잎말, 대황, 큰실말의 물기가 다 빠졌으면 준비한 김치양념을 넣고 버무리면서 간을 맞추어 항아리에 꼭꼭 눌러 담는다. [사진 ❹]

Tips

- 해초는 자체 내에 염분이 있어 김치를 담글 때 소금을 넣지 않는다.
- 큰실말은 무기질 함량이 높고 다량의 단백질과 당질을 함유하고 있다.
- 대황은 미역과 같이 요오드와 칼슘이 풍부하다.

소박이 & 식해류

1. 오이소박이김치
2. 개성식 오이소박이
3. 고추소박이
4. 명태식해
5. 가자미식해

01 오이소박이김치

오이소박이김치

연한 오이에 칼집을 넣고 절인 후 양념한 소를 넣고 만든 김치이다.

재료 및 분량

가는 오이(여린것) 4개	600g		
굵은소금 2큰술	30g	부추 ⅓단	50g
파	80g	마늘 ½통	25g
생강	10g	새우젓 2큰술	30g
고춧가루 2큰술	15g	고운소금 적당량	

담그기

① 오이는 고운소금에 문질러 깨끗이 씻은 다음 6cm 길이로 토막 내어 양 끝으로 1cm 정도 남기고, 길이로 칼집을 넣어 굵은 소금물에 30분 정도 절인다. [사진 ❶]

② 부추는 작게 송송 썰고 파, 마늘, 생강, 새우젓건지는 곱게 다져 고춧가루와 소금을 넣고 버무려 소를 만든다. [사진 ❷]

③ 절여진 오이를 마른 수건에 싸서 손으로 눌러 물기를 뺀 다음 칼집을 넣은 곳에 소를 넣는다. [사진 ❸]

④ 항아리에 꼭꼭 눌러 담고 김치를 버무린 그릇에 약간의 물과 고운소금을 조금 넣고 김칫국물을 만들어 항아리에 부은 다음 꼭꼭 눌러 익힌다. [사진 ❹]

Tips

- 오이의 색깔이 흐리거나 지나치게 익어서 누렇게 된 것은 오이소박이용으로 적당치 않다.
- 오이소박이는 젓갈을 넣지 않아야 맛이 신선해서 좋다.

02 개성식 오이소박이

개성식 오이소박이

오이에 소를 채워 넣고 국물을 넉넉히 부어 담근 김치로 개성 지방에서 즐겨 먹는 김치이다.

①

②

③

④

재료 및 분량

오이(백오이) 2개	300g		
굵은 소금 ⅔큰술	8g		
소			
무	50g	부추	20g
홍고추 ½개	10g	새우젓국	10g
마늘	5g	생강	5g
오이소박이 국물			
배	100g	홍고추 1개	20g
양파	30g	물 ¼컵	50g
소금 ½큰술	6g	설탕 ½작은술	2g
찹쌀풀국 ½컵 (찹쌀가루 1큰술(6g)+물 1컵(200g))			

담그기

① 오이는 어리고 연한 것을 골라 소금으로 깨끗이 비벼 씻고, 길이 6cm 정도로 잘라 양끝을 1cm 정도 남기고, 길이로 3~4군데 칼집을 넣는다. 오이는 굵은 소금물에 2시간 정도 절인 다음 씻어 건져서 물기를 뺀다. [사진 ❶]

② 무와 부추는 다듬어 씻어서 무는 길이 1cm 정도로 채 썰고, 부추도 무와 같은 길이로 썬다. 홍고추와 마늘, 생강도 씻어서 무와 같은 크기로 채 썰고, 새우젓국과 채 썬 마늘, 생강을 넣고 고루 버무려서 오이소박이소를 만든다.

③ 냄비에 물과 찹쌀가루를 넣고 끓여서 찹쌀풀국을 만든다.

④ 오이소박이 국물용 배와 홍고추, 양파는 다듬어 씻는다. 믹서에 배와 홍고추, 양파, 물을 붓고 곱게 간 다음 면주머니에 넣고 꼭 짜서 나머지 재료를 함께 넣고 섞어서 오이소박이 국물을 만든다. [사진 ❷]

⑤ 오이의 칼집 속에 오이소박이소를 채워 넣는다. [사진 ❸]

⑥ 항아리에 오이소박이를 차곡차곡 담고, 버무린 그릇에 오이소박이 국물 재료를 넣고 섞어서 항아리에 붓는다. [사진 ❹]

Tips

- 오이는 통으로 길이로 칼집을 넣어 소를 채운 다음 먹을 때 썰어 먹기도 한다.
- 부추 대신 쪽파를 넣기도 한다.
- 마늘과 생강이 씹히는게 싫은 경우 향채주머니에 마늘과 생강을 저며 넣고 국물에 담가 두면 깔끔하게 오이소박이를 즐길 수 있다.

03 고추소박이

고추소박이

풋고추를 절여 무채 양념을 소로 넣고 슴슴하게 국물을 넣어 만든 칼칼한 맛의 김치이다.

재료 및 분량

풋고추(굵은고추 30개)			400g
굵은소금 2큰술	30g	무	400g
실파	30g	멸치액젓 5큰술	
고춧가루 ⅓컵	40g	마늘 ½통	25g
생강	5g	설탕 1큰술	15g
통깨 2큰술	10g	고운소금 적당량	

담그기

① 풋고추는 부드럽고 통통한 것을 고른 다음 꼭지를 짧게 자르고 길이로 반을 잘라 고추씨를 뺀 후 굵은 소금물에 절여 놓는다. [사진 ❶❷]

② 무는 3cm 길이로 곱게 채 썰고 실파도 같은 길이로 썰어 놓는다. 마늘과 생강은 곱게 다진다.

③ 멸치액젓에 고춧가루를 넣고 불린 다음 마늘과 생강, 설탕, 무채, 실파, 통깨를 넣고 버무리면서 고운소금으로 간을 맞추어 양념소를 만든다. [사진 ❸]

④ 절인 고추는 물기를 빼고 그 속에 준비한 양념 소를 꼭꼭 채워 넣고, 항아리에 차곡차곡 담는다. 김치 버무린 그릇에 물을 타고 고운소금으로 슴슴하게 간을 맞추어 항아리에 붓는다. [사진 ❹]

Tips

- 고추씨를 뺄 때 고추가 부러지지 않도록 조심스럽게 다루며, 고추를 절일 때는 위에 무거운 것을 올려 놓는다.
- 무채는 곱고, 가늘게 썰고 고추의 속을 꼭꼭 채운다.
- 너무 억센 고추는 끓는 소금물에 살짝 데쳐서 사용한다.

04 명태식해

명태식해

명태를 꾸덕꾸덕하게 반쯤 말려 큼직하게 썰어 무, 좁쌀밥, 엿기름 등을 넣어 만든 식해이다.

재료 및 분량

명태	1kg	무 ½개	500g
차조 2컵		엿기름가루 5큰술	
굵은소금 2큰술	30g	고춧가루 ½컵	40g
파	80g	마늘 1통	45g
생강	20g	설탕 1큰술	15g
고운소금 적당량			

담그기

① 명태는 배를 갈라서 뼈를 떼어내고 꾸덕꾸덕하게 반쯤 말려서 반으로 가르고 2cm 폭으로 썰어서 굵은소금을 살짝 뿌린다. [사진 ❶]

② 무는 손질하여 5cm 길이로 자르고 0.5cm 굵기로 채 썰어 고운소금에 절인 다음 물기를 뺀다. 파, 마늘, 생강은 깨끗이 다듬어 씻어 곱게 다진다.

③ 차조는 깨끗이 씻어 일어서, 10분 정도 불린 다음 동량의 물을 붓고 좁쌀밥을 지어 한김 식힌다. [사진 ❷]

④ 엿기름 가루는 고운체에 내리고 좁쌀밥과 엿기름가루, 파, 마늘, 생강을 넣어 버무린다. [사진 ❸]

⑤ 채 썬 무와 명태에 고춧가루로 고춧물을 들이고 양념을 넣은 조밥을 넣어 버무리면서 고운소금, 설탕으로 간을 맞추어 항아리에 차곡차곡 눌러 담는다. [사진 ❹]

Tips

- 명태는 비린 맛이 없기 때문에 채소와 같이 발효시켜서 명태식해를 만들면 곰삭은 맛이 별미이다.
- 생태를 사용할 경우 배를 갈라 내장을 꺼내고 포를 떠서 채반에 널어 꾸덕하게 말려 사용한다.

05 가자미식해

가자미식해

노란 참가자미에 메조로 밥을 되직하게 지어 엿기름가루와 채소, 여러가지 양념을 넣고 만든 김치이다

재료 및 분량

참가자미(中) 10마리		무	200g
굵은소금 ½컵	80g	차조 1컵	160g
마늘 ⅔통	35g	생강 (생강즙 1큰술)	15g
고춧가루 ½컵	80g	엿기름가루 ½컵	55g
고운소금 적당량			

담그기

① 노란 참가자미는 내장과 머리를 떼어 내고 깨끗이 손질하여 소금을 뿌려 채반에 널고 이틀 정도 꾸덕꾸덕하게 말린 다음, 길이 4~5cm, 폭 1cm 정도로 썰어 놓는다. [사진 ❶]

② 무는 굵게 채 썰어 굵은소금에 살짝 절였다가 물기를 꼭 짠다. 마늘과 생강은 곱게 다진다. [사진 ❷]

③ 차조은 깨끗이 씻어 일어서 10분 정도 불린 다음 동량의 물을 붓고 차조밥을 한다. [사진 ❸]

④ 되직하게 지은 조밥은 식혀서 다진 마늘, 생강, 고춧가루, 엿기름가루를 넣어 식해양념을 만든다. [사진 ❹]

⑤ 준비된 식해양념에 무채 절인 것과 가자미를 넣어 버무린 후 항아리에 꼭꼭 담아 서늘한 곳에서 1주일 정도 삭힌다. [사진 ❺]

Tips

• 북한의 대표적인 음식으로 북쪽 사람들이 남쪽에 내려와 널리 알려진 별미 발효음식이다.

별미김치류

1. 고수김치
2. 감김치
3. 골곰짠지
4. 오이송송이
5. 석류김치
6. 국화김치
7. 용인오이지
8. 유자김치
9. 오색김치
10. 양배추김치
11. 토마토김치
12. 웰빙쌈김치
13. 양파김치

01 고수김치

고수김치

고수를 소금물에 삭혀 배추와 여러 가지 양념을 넣어 만든 북쪽지방의 별미 김치이다.

재료 및 분량

재료	분량	재료	분량
고수	600g	배추속대	300g
굵은소금 ⅓컵	30g	마늘 1통	45g
생강	20g	황석어젓 ½컵	35g
고춧가루 ½컵	40g	고운소금 5큰술	50g
설탕 1큰술	15g	실고추 적당량	

담그기

① 고수는 뿌리를 다듬고 옅은 굵은 소금물에 하룻밤 담근다. [사진 ❶]

② 배추속대는 굵은 소금물에 3시간 정도 절였다가 건져 물기를 빼 놓는다.

③ 마늘과 생강은 깨끗이 다듬어 곱게 다지고 황석어젓은 살만 곱게 다진다. 실고추는 3cm 길이로 자른다. [사진 ❷❸]

④ 고춧가루에 황석어젓, 마늘, 생강을 넣고 양념을 만들어 고수와 배추속대, 실고추를 넣고 잘 버무려 고운소금, 설탕으로 간을 한 다음 항아리에 꼭꼭 눌러 담는다. [사진 ❹]

Tips

- 고수김치는 바지락이나 조개젓으로 버무려서 김치를 담그기도 한다.
- 고수김치는 향이 독특하여 절에서 즐겨 먹는 사찰김치이다.
- 고수의 진한 향이 싫은 경우 옅은 소금물에 하루정도 절여 사용한다.

02 감김치

감김치

김치에 달짝지근한 감이 들어가 씹힐 때마다 별미를 느낄 수 있는 황해도 지방의 김치이다.

재료 및 분량

재료	분량	재료	분량
단감 7개	700g	배추 ½통	1kg
무 ½개	750g	굵은소금 1컵	160g
쪽파	480g	마늘 5톨	25g
생강	5g	멸치액젓 ½컵	100g
고춧가루 ½컵	40g	고운소금 적당량	

담그기

① 단감은 가로·세로 3cm, 두께 0.3cm 정도의 크기로 나박썰기 하고 배추와 무도 깨끗이 씻어 단감과 같은 크기로 썬다. 배추에 굵은소금을 넣고 절이다가 무와 감을 넣고 함께 절인다. [사진 ❶❷]

② 준비한 멸치액젓에 고춧가루를 넣어 걸쭉하게 불려 놓고 파, 마늘과 생강은 가늘게 채 썰어 함께 버무려 김치양념을 만든다. [사진 ❸]

③ 그릇에 위의 재료를 모두 넣고 고루 버무려 항아리에 꼭꼭 눌러 담는다. [사진 ❹]

Tips

- ·감김치는 단감이 들어가 익으면 감이 물러지므로 오래두지 않고 바로 먹는 것이 좋다.

03 골곰짠지

골곰짠지

무말랭이와 말린 고춧잎을 불렸다가 찹쌀풀국을 쑤어 고춧가루와 여러 가지 양념을 함께 넣고 버무린 김치이다.

①

②

③

④

재료 및 분량

재료	분량	재료	분량
무말랭이	200g	고춧잎(마른 것)	100g
찹쌀풀국 2컵(물 2컵, 찹쌀가루 4큰술)			
고춧가루 1컵	80g	멸치액젓 ⅓컵	65g
간장 ⅓컵	65g	파	400g
마늘 1⅓통	55g	생강	25g
물엿 1컵	240g	통깨 3큰술	15g

담그기

① 무말랭이는 깨끗이 씻어서 촉촉하게 불어 났으면 물기를 꼭 짜 놓는다. [사진 ❶]

② 고춧잎은 깨끗이 손질하여 살짝 데쳐 찬물에 헹구어 물기를 꼭 짜 놓는다. [사진 ❷]

③ 분량의 물에 찹쌀가루를 넣고 찹쌀풀국을 쑤어 식혀 놓고, 파와 마늘, 생강은 곱게 다진다.

④ 찹쌀풀국과 고춧가루, 멸치액젓, 간장, 파, 마늘, 생강, 물엿, 통깨를 넣고 고루 섞어 김치양념을 만든 다음, 준비한 무말랭이와 고춧잎을 넣고 버무려서 항아리에 꼭꼭 눌러 담는다. [사진 ❸❹]

Tips

- 골곰짠지는 무말랭이와 고춧잎, 멸치젓이 곰삭아 별미이다.
- 무말랭이는 물에 담가 불리면 맛이 덜하므로 씻어 건져 두었다가 촉촉하게 불어나면 사용한다.

03 오이송송이

오이송송이

오이와 무를 송송 썰어서 파, 마늘, 생강 등의 양념과 고춧가루, 새우젓을 넣고 버무린 김치이다.

재료 및 분량

오이(中) 6개	1kg	무 ½개	600g
굵은소금 ½컵	80g	파	40g
마늘 ½통	20g	생강	5g
고춧가루 ½컵	40g	새우젓 3큰술	55g
고운소금 · 설탕 적당량			

담그기

① 오이는 소금으로 문질러 씻어 3cm 길이로 자르고 4등분한다. [사진 ❶]

② 무는 오이와 같은 크기로 썰어 소금에 절이면서 무가 어느 정도 절여졌으면 준비한 오이를 같이 넣어 살짝 절인다. [사진 ❷]

③ 파는 깨끗이 손질하여 흰 부분만 다지고, 마늘과 생강도 손질하여 곱게 다진다.

④ 새우젓은 건지만 건져 곱게 다진다. [사진 ❸]

⑤ 오이와 무에 고춧가루를 넣고 버무리면서 다진 파, 마늘, 생강, 새우젓을 넣고 고운소금과 설탕으로 간을 맞추어 항아리에 꼭꼭 눌러 담는다. [사진 ❹]

Tips

- 무와 오이 절인 소금물이 남았으면 무청을 절여 깨끗이 씻은 다음 우거지로 사용하면 좋다.
- 오이 송송이는 오이가 빨리 시어지고 물러지므로 조금씩 담가 먹는다.

05 석류김치

석류김치

무를 토막 내어 칼집을 넣고 그 사이사이에 소를 넣어 석류모양으로 벌어지게 만든 김치이다.

재료 및 분량

무 2개	2kg	배춧잎 15장	400g
굵은소금 ½컵	80g	미나리	30g
실파	30g	밤 10개	250g
대추 5개	20g	마늘 1통	45g
생강	25g	석이버섯 5장	5g
표고버섯 4장	15g	실고추	10g
고운소금 · 설탕 적당량			
김칫국물			
물 5컵	1kg	고운소금 3큰술	30g

담그기

① 무는 깨끗이 씻어서 2개는 4cm 길이로 자르고 밑 부분을 1cm 정도 남기고 가로·세로 1cm 간격으로 칼집을 넣는다. [사진 ❶]

② 배춧잎은 깨끗이 씻어서 칼집을 넣은 무와 함께 굵은 소금물에 절인다. 무 1개는 깨끗이 씻어 3cm 길이로 곱게 채 썰고, 미나리와 실파는 3cm 길이로 썰어 놓는다.

③ 밤, 대추, 마늘, 생강은 곱게 채 썰고 석이버섯도 불려서 배꼽을 떼어내고 깨끗이 손질하여 곱게 채 썬다. 실고추는 3cm 길이로 썬다. 그릇에 무 채 썬 것과 준비한 재료를 함께 넣고 버무리고 고운소금과 설탕으로 간을맞추어 소를 만든다.

④ 배춧잎과 무는 물기를 뺀 후 만들어 놓은 소를 무의 칼집 사이사이에 채워 넣고, 배춧잎으로 싸서 항아리에 차곡차곡 담는다. [사진 ❷❸]

⑤ 김칫국물을 만들어 항아리에 붓고 먹을 때는 한 입 크기로 썰어 그릇에 담고 국물을 부어낸다. [사진 ❹]

Tips

- 석류 김치는 완성된 모양이 마치 석류알처럼 벌어지듯 하여 붙여진 이름이다.
- 석류김치 속에 들어가는 무, 밤, 대추, 생강, 마늘 등은 아주 곱게 채 썰어야 모양이 아름답다.
- 무를 충분히 절여야 소가 잘 들어간다.
- 김칫국물은 무 위까지 올라와야 맛이 좋게 익는다.

06 국화김치

국화김치

무를 돌려 깎아 칼집을 넣고 도르르 말아 김칫국물을 부어 만든 물김치이다.

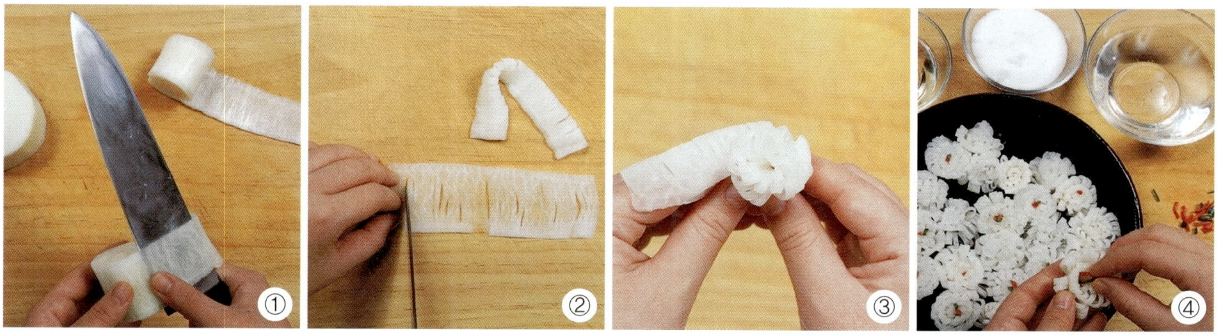

재료 및 분량

무 1kg	굵은소금 3큰술
풋고추 1개	홍고추 1개
김칫국물	
물 5컵 1kg	소금 4큰술
설탕 3큰술	식초 3큰술

담그기

① 무는 3cm 길이로 썰어 얇게 돌려 깎기 한 다음, 가운데에 길이 2cm, 폭 0.5cm 정도로 칼집을 넣고 굵은 소금물에 절여 놓는다. [사진 ❶❷]

② 풋고추와 홍고추는 0.5cm 크기로 잘게 썰고, 홍고추는 고춧물이 빠지도록 물에 살짝 헹구어 물기를 빼 놓는다.

③ 물에 소금, 설탕, 식초를 넣고 간을 맞추어 김칫국물을 만들어 놓는다.

④ 칼집을 넣어 절여 놓은 무를 돌돌 말아서 꼬지로 고정시키고 가운데에 썰어 놓은 풋고추와 홍고추를 넣고 준비한 김칫국물을 붓는다. [사진 ❸❹]

Tips

- 무를 국화모양으로 칼집을 넣어 만든 물김치이다.

07 용인오이지

용인오이지

오이에 소금 넣은 쌀뜨물을 붓고 익힌 김치이다.

재료 및 분량

오이 10개	쌀뜨물 20컵 4kg
굵은소금 1½컵 240g	

담그기

① 오이 10개를 소금으로 문질러 씻은 다음 항아리에 차곡차곡 담는다. [사진 ❶]

② 쌀을 씻어 처음 쌀 씻은 물을 버리고 중간 쌀뜨물을 준비한다. [사진 ❷]

③ 짭짤한 소금물을 준비하여 쌀뜨물과 섞어서 팔팔 끓여 오이지 항아리에 붓고 위는 돌로 눌러 놓아 떠오르지 않게 한다. [사진 ❸❹]

④ 그 다음날 오이를 꺼내어 아래 위를 바꾸어 놓는다. 매일 7번 정도 반복하면서 국물도 3번 정도 끓여 붓고 오이가 떠오르지 않게 눌러 놓는다.

Tips

- 용인 오이지는 1815년 빙허각이씨가 지은 '규합총서'에 나오는 김치이다.
- 오이지는 조선오이(백오이)를 담아야 맛이 좋다.

08 유자김치

유자김치

통배추 사이사이에 유자를 채 썰어 넣어 만든 시원하고 향긋한 전라도 지방의 김치이다.

①

②

③

④

재료 및 분량

배추 5포기	13kg	굵은소금 7½컵	960g
물 20컵	4kg	무 3개	4.5kg
청각	50g	유자 5개	
갓	500g	미나리	200g
쪽파	600g	파	500g
마늘 5통	250g	생강	30g
석이버섯	10g	고춧가루 4컵	320g
멸치액젓 3컵	600g	설탕 ½컵	90g
찹쌀풀국 1컵(물 1컵, 찹쌀가루 2큰술)			
고운소금 적당량			

Tips

- 유자김치는 유자를 먹고 남은 껍질을 이용하여 만든다.

담그기

① 배추는 뿌리 밑동과 겉잎을 다듬고 길이로 포기에 칼집을 반만 넣고 손으로 쪼개어 15% 정도의 굵은 소금물에 6~8시간 정도 절인다음 깨끗이 씻어 건져 물기를 빼 놓는다. 무는 깨끗이 다듬어 4cm 길이로 채 썬다.

② 유자는 4등분하여 속껍질은 저며 내고 겉껍질만 곱게 채 썬다. 청각은 물에 불려 깨끗이 씻은 후 0.5cm 길이로 썬다. 석이버섯도 물에 불린 후 가늘게 채 썬다. [사진 ❶]

③ 갓, 미나리, 쪽파도 깨끗이 다듬어 씻어서 무와 같은 크기로 썰고, 파는 흰 부분만 4cm 길이로 잘라 채 썬다. 마늘과 생강은 곱게 다지고, 고춧가루는 멸치액젓에 불려 놓는다. [사진 ❷]

④ 불린 고춧가루에 무 채썬것, 유자 채썬것을 넣고 버무리다가 청각, 갓, 미나리, 쪽파, 파, 마늘, 생강, 석이버섯을 넣고 고루 버무려 설탕과 고운소금으로 간을 맞추어 김치양념소를 만들어 놓는다. [사진 ❸]

⑤ 배추 사이에 버무려 놓은 김치양념소를 고루 넣고 배추 겉잎으로 양념이 흐르지 않도록 감아 항아리에 눌러 담는다. 절인 우거지로 위를 덮어 꼭꼭 눌러 놓고 고운소금을 살짝 뿌려 놓는다. [사진 ❹]

09 오색김치

오색김치

무 사이사이에 오색 고명을 넣어 아름다운 색을 살린 물김치이다.

재료 및 분량

무	1kg	소금 2큰술
설탕 1큰술		식초 1큰술
풋고추 1개		홍고추 1개
석이버섯 10장		표고버섯 3개
당근	20g	고운소금 적당량
김칫국물		
물 5컵	1kg	고운소금 4큰술
설탕 3큰술		식초 1큰술

담그기

① 무는 잔뿌리를 떼어내고 깨끗이 씻어 가로 2cm, 세로 2cm, 높이 2.5cm의 크기로 썰어 모서리를 돌려 깎기 한 다음 밑동을 1cm 정도 남기고 위쪽 면에 5등분으로 칼집을 넣어 소금, 설탕, 식초 물에 살짝 절인다. [사진 ❶❷]

② 풋고추와 홍고추는 길이로 반을 잘라 씨를 털어낸 다음, 곱게 채 썰고 1cm 길이로 잘라 소금에 살짝 절여 헹군다.

③ 석이버섯과 표고버섯은 물에 담가 부드러워졌으면 깨끗이 손질하여 곱게 채 썬다. 당근도 1cm 길이로 곱게 채 썰어 소금에 절여 놓는다.

④ 물에 식초, 설탕, 고운소금을 넣고 김칫국물을 만든다.

⑤ 칼집을 넣은 무 사이사이에 풋고추, 홍고추, 석이버섯, 표고버섯, 당근을 넣고 2등분하여 항아리에 담고 김칫국물을 붓는다. [사진 ❸❹]

Tips

- 오색김치는 국물이 시원하고 모양과 색이 화려한 김치이다.

10 양배추김치

양배추김치

양배추를 절여서 당근과 실파, 양념을 넣고 담근 김치이다. 양배추는 세계 3대 장수식품 중 하나로 주로 살짝 쪄서 쌈으로 먹거나 즙을 내어 먹기도 하고 초절임 등 다양하게 이용한다.

재료 및 분량

양배추 ¼개	700g	고운소금 1큰술	12g
당근 ⅓개	70g	소금 ¼작은술	1g
실파	30g	마늘	10g
양념			
고춧가루 2큰술	14g	다진 생강 ½작은술	2g
설탕 1작은술	4g	소금 ½작은술	2g

담그기

① 양배추는 깨끗이 씻어서 가로 3cm 세로 4cm 정도로 썰어서 고운 소금을 넣고 1시간 정도 절인 다음 씻어서 물기를 뺀다. [사진 ❶]

② 당근은 다듬어 씻고 가로 2cm 세로 3cm 두께 0.3㎝ 정도로 나박 썰어서 소금을 넣고 30분 정도 절인 다음 물기를 뺀다.

③ 실파는 다듬어 씻어서 길이 3cm 정도로 썰고, 마늘은 씻어서 채 썬다. [사진 ❷]

④ 고춧가루와 다진 생강, 설탕, 소금을 넣고 섞어서 양념을 만든다. [사진 ❸]

⑤ 절여 놓은 양배추와 당근에 실파와 마늘, 양념을 넣고 고루 버무려 항아리에 꼭꼭 눌러 담는다. [사진 ❹]

Tips

- 양배추 잎의 두꺼운 줄기는 저며 낸다.
- 양배추 김치는 하루 정도 지나면 먹을 수 있다.

11 토마토김치

토마토김치

토마토에 칼집을 넣고 절여 무와 실파를 소로 넣어 담근 김치이다.

재료 및 분량

토마토 4개	500g	무 ⅛개	130g
실파	15g		
소금물			
물 3컵	600g	굵은소금 3큰술	45g
양념			
소금 ½작은술	2g	멸치액젓 ½큰술	7.5g
설탕 ¼작은술	1g	다진 생강 ¼작은술	1g
고춧가루 1½큰술			10.5g
다진 마늘 1작은술			5.5g
통깨 ½작은술	1g	물 1큰술	15g

담그기

① 토마토는 씻어서 꼭지 쪽을 2cm 정도 남기고 4~6등분으로 칼집을 넣어 소금물에 1시간 정도 절인 다음 씨를 긁어 내고 씻어서 물기를 뺀다. [사진 ❶]

② 무는 깨끗이 씻어 껍질을 벗기고 길이 3cm 정도로 채를 썬다. 실파는 깨끗이 씻어 길이 1cm 정도로 썬다.[사진 ❷]

③ 무에 양념을 넣고 버무려 색을 들인 다음, 실파를 넣고 섞어 토마토 김칫소를 만든다. [사진 ❸]

④ 토마토의 칼집 속에 양념한 소를 채워 넣는다. [사진 ❹]

⑤ 항아리에 담고, 버무린 그릇에 물을 넣고 김칫국물을 만들어 항아리에 붓는다.

Tips

- 토마토를 절일 때 소금물에 잠기도록 무거운 것으로 눌러주어야 잘 절여진다.
- 토마토 김치는 크기가 작고 덜 익은 토마토로 만든다.
- 토마토는 이수광의 「지봉유설(芝峰類說)」에 '남만시(南蠻柹)'로 기록하고 있는 것으로 보아 1614년 이전에 우리나라에 들어온 것으로 추측되며 현재는 전국 각지에서 많이 재배되는 채소이다.

12 웰빙쌈김치

웰빙쌈김치

몸에 좋은 채소와 과일, 수삼을 채 썰어 절인 배춧잎에 싸서 만든 김치로 먹기 간편할 뿐만 아니라 새콤달콤한 맛과 참외와 수삼의 향이 어우러져 남녀노소를 비롯한 외국인도 좋아하는 웰빙 김치이다.

재료 및 분량

배추 속잎 8장	400g	굵은 소금 2큰술	26g
무	50g	참외	50g
수삼 1뿌리	25g	미나리	30g
밤 3개	45g	대추 4개	16g
소금 ½작은술	2g	설탕 ½작은술	2g
김칫국물			
물 1½컵	300g	소금 1작은술	4g
설탕 1큰술	12g	식초 1큰술	15g

Tips

- 덜 익은 참외를 사용하기도 하며, 참외가 없을 때는 오이를 채 썰어 넣기도 한다.
- 사과 등의 과일을 채 썰어 넣어도 좋다.
- 배춧잎 대신 무를 얇게 썰어서 단촛물에 절인 다음 쌈김치 소를 넣고 담가도 좋다.

담그기

① 배추 속잎은 씻어서 소금물에 2시간 정도 절인 다음 씻어서 물기를 뺀다.

② 무와 참외, 수삼은 다듬어 씻고 껍질을 벗겨서 길이 5cm 폭 0.2cm 정도로 채 썬다.

③ 미나리는 다듬어 씻어서 무와 같은 길이로 썬다. 밤은 껍질을 벗겨 채 썰고, 대추도 살만 돌려 깎아 채 썬다.[사진 ❶]

④ 그릇에 무와 참외, 수삼, 미나리, 밤, 대추를 넣고 소금과 설탕으로 간을 맞추어 쌈김칫소를 만든다. [사진 ❷]

⑤ 냄비에 김칫국물용 물과 소금, 설탕을 넣고 고루 섞어서 센불에 올려 끓으면 불을 끄고 차게 식힌 후 식초를 넣고 김칫국물을 만든다.

⑥ 절인 배춧잎은 줄기 부분은 저며 내고, 잎 부분에 쌈김칫소를 넣고 흘러나오지 않게 돌돌 만다. [사진 ❸]

⑦ 항아리에 쌈김치를 차곡차곡 담고 김칫국물을 붓는다. [사진 ❹]

13 양파김치

양파김치

양파를 소금에 절여 무채를 넣고 담근 김치이다.

재료 및 분량

재료	분량	재료	분량
양파 6개	880g		
무 ¼개	250g	실파	25g
소금물			
물 2½컵	500g	굵은소금 4큰술	60g
양념			
고운소금 1작은술	6g	멸치액젓 1큰술	15g
설탕 ½작은술	2g	고춧가루 3큰술	21g
다진 마늘 ½큰술	8g	다진 생강 ½작은술	2g
통깨 1작은술	2g		

담그기

① 양파는 길이 5cm 폭 3cm 정도로 썰어서 소금물에 절인 다음 체에 밭쳐 물기를 뺀다. [사진 ❶]

② 무는 깨끗이 씻어 껍질을 벗기고 길이 4~5cm 정도로 채 썬다.

③ 실파는 깨끗이 씻어 길이 3cm 정도로 썬다. [사진 ❷]

④ 무에 양념을 넣고 고루 버무린다. [사진 ❸]

⑤ 절인 양파에 양념한 무와 실파를 넣고 살살 버무린다. [사진 ❹]

⑥ 항아리에 담고 꼭꼭 눌러 놓는다

Tips

- 양파를 소금물에 절일 때 자주 뒤집어 주어야 고루 절여 진다.
- 작은 양파는 길이로 칼집을 넣어 절인 다음 소를 채워 넣어 통으로 담기도 한다.

참고 문헌

- “시경(詩經)”, 기원전 5세기경
- “여씨춘추(呂氏春秋)”, 기원전 238~207년
- “삼국지 위지동이전(三國志魏志東夷傳)”, 290년경
- “제민요술(齊民要術)”, 530~550년
- “삼국사기(三國史記)”, 1145년
- “동국이상국집(東國李相國集)”, 1200년대
- “산촌잡영(山村雜詠)”, 1300년대
- “이조실록(李朝實錄)”, 1409년
- “내훈(內訓)”, 1516년
- “구급벽온방(救急辟瘟房)”, 1518년
- “훈몽자회(訓蒙字會)”, 1525년
- “도문대작(屠門大爵)”, 1611년
- “지봉유설(芝峰類說)”, 1614년
- “산림경제(山林經濟)”, 1715년
- “본초강목습유(本草綱目拾遺)”, 1765년
- “증보산림경제(增補山林經濟)”, 1766년
- “경도잡지(京都雜誌)”, 1700년대 말
- “규합총서(閨閤叢書)”, 1815년
- “임원십육지(林園十六志)”, 1827년
- “동국세시기(東國歲時記)”, 1834년
- “오주연문장전산고(五洲衍文長箋散稿)”, 1850년경
- “조선요리(朝鮮料理)”, 1940년

- 박홍주, “김치연구문헌조사”, 식품과영양, 1987
- 손경희, “김치의종류와이용”, 한국식문화학회지, 1991
- 윤서석, “김치의역사”, 한국조리과학회지, 1988
- 윤서석, “한국김치의역사적고찰”, 한국식문화학회지, 1991
- 윤서석, “한국식품사연구”, 신광출판사, 1998
- 윤숙자, “한국의저장발효음식”, 신광출판사, 2003
- 이성우, “한국식품문화사역사”, 교문사, 1984
- 이철호, 안보선, “김치의문헌적고찰”, 한국식생활문화학회지, 1996
- 이춘영, 조재선, “김치의제조및연구사”, 한국음식문화연구원보고서, 1988
- 이춘자, 김귀영, 박혜원, “김치”, 대원사, 1998
- 이효지, “한국의김치문화”, 신광출판사, 2000
- 조재선, “김치의연구”, 유림문화사, 2000
- 최홍식, “한국의김치문화와식생활”, 효일, 2002
- 한국문화재보호재단, “한국음식대관제4권발효·저장·가공식품”, 한림출판사, 2001
- 한국식품과학회, 김치 심포지움 “김치의 연구”, 1994
- 한국음식문화연구원, “김치류”, 한국음식문화연구원논문집, 1986

찾아 보기

김치를 배우는 외국인들

세계 5대 건강음식으로 선정된 김치는 한국을 찾는 외국인들에게 큰 인기를 끌고 있다.

전통음식의 연구 · 개발 및 대중화를 위한 작은학교

(사)한국전통음식연구소

Institute of Traditional Korean Food

10F	발효음식 교육관, 외국인 체험관
9F	돈화문 갤러리
8F	연구개발실, 홍보실
7F	떡 · 한과 교육관 / 북카페
6F	전통주 · 식문화 교육관
5F	전통주 · 식문화 체험관
4F	체험 학습관
3F	떡 박물관 / 특별 체험관
2F	떡 박물관 / 상설전시관
1F	연구소 입구

아름다운 창덕궁 앞, 서울 종로구에 위치한 '사단법인 한국전통음식연구소'는 우리 조상들이 쌓아 온 오랜 경험과 지혜의 산물인 전통음식의 연구 · 개발과 대중화, 세계화를 목표로 설립된 전문기관입니다. 10층으로 이뤄진 건물전체가 우리 전통음식에 대한 열정과 향기로 가득 채워진 '한국전통음식연구소'는 전통 식문화를 보다 깊이 있게 연구 · 개발하고 보급하는 전문 교육기관으로서 한국음식 세계화의 산실입니다.

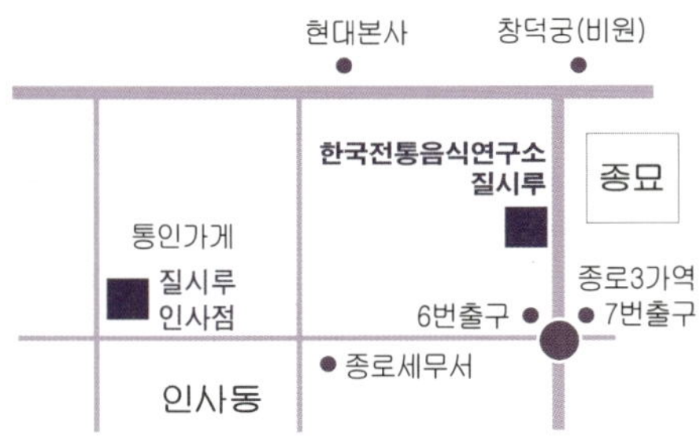

서울시 종로구 와룡동 164-2 인산빌딩

TEL. 02)741-5411~4 FAX. 02)741-5415

http://www.kfr.or.kr

실용 77종 한국 김치를 이 한권에!!

김치 레시피

2024년 11월 01일 초판 인쇄
2024년 11월 06일 초판 발행

저 자 윤숙자

펴낸이 주병오 · 주민기

발행처 (주)지구문화
JIGU CULTURE Co.Ltd
경기도 파주시 회동길 209
파주출판문화도시

마케팅팀 (031) 955-7566 · 7577
편집디자인팀 (031) 955-7731
FAX (031) 955-7730
홈페이지 www.ji-gu.co.kr
이메일 jigupub@hanmail.net
등록번호 1979년 7월 13일 제 9-57호

ISBN 978-89-7006-999-9 값 19,600원